U0549893

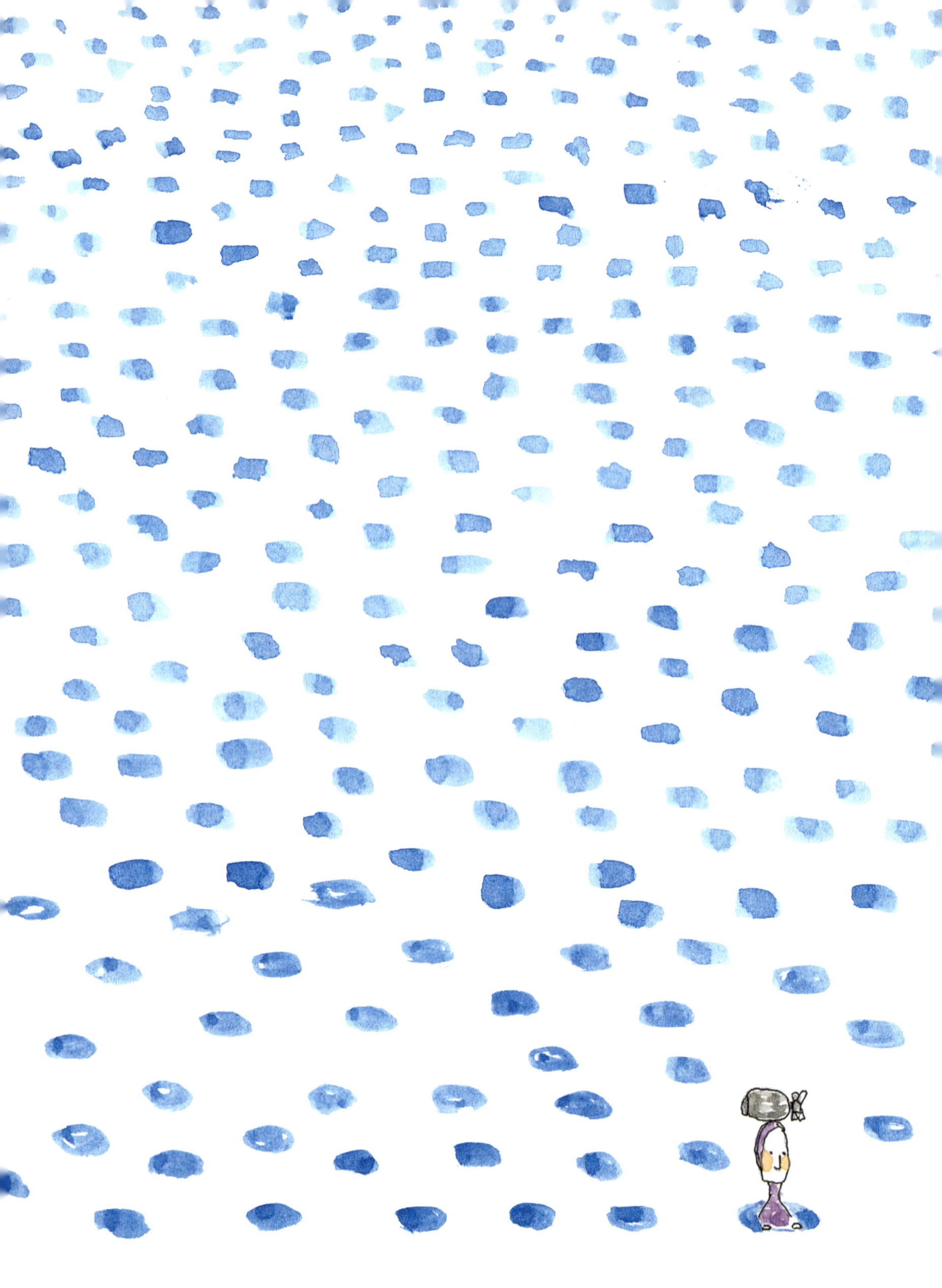

一個人的人生未爆彈

朱德庸◎作品

自　序

我們每天都是一個人面對一個世界

◎朱德庸

　　這本書是畫給年輕的你，和曾經年輕許久的我自己的。

　　因為年輕，所以不知道人生是什麼。於是在我知道自己不再年輕時，就開始覺得可以畫這本書給比我年輕的你。

　　我想說，我們每個人都是必須一個人面對一整個世界的。這個世界充滿各種顏色，只是每個人看它的顏色會不一樣。

　　這本書裡大部分的「我」，特別被畫成黑白的，「我」可以是男人、女人，可以是大人、少年。每一個「我」都是在自己飄流不定的各種感覺和情緒裡活著，每天孤獨地面對這個多彩色世界；然後由自己遭遇的人生，一筆再一筆為自己添加上選擇或被選擇的那些顏色。

　　這本書畫的是情緒、感覺和未知。外面的世界是未知，每個人自己的小世界則是由情緒、感覺加上理性構成。世界每天都不一樣，我們每天的情緒和感覺也都不一樣。在一個人面對整個混亂世界的人生裡，人們常常因為想維持理性生活，便靠著用後一個遭遇把前一個遭遇忘掉地過下去，但同時也就忘掉了每個遭遇的情緒和感覺，讓自己的內心逐漸進入沉睡。

　　其實，情緒、感覺和未知並不會真正讓你受傷。面對世界，如果不在意你自己每天對內累積的情緒、感覺，只強調對外的理性處理態度，反而可能讓你成為一個不知道自己已經受傷的人。不理解這些時光傷痕所綁起的情緒之結，你的人生未爆彈有可能愈埋愈多。

　　因為，假設能透過時光機的角度看，除了少量的「獲得」，人生本來就是一連串「失去」的過程。在人生路上每個人能不能走得遠一點，和我們的靈魂重量無關，和我們與自己靈魂距離是否夠近有關。我一直認為，從每個人的本質來說，「非理性」的情緒和感覺，其實比「理性」更重要。如果為了承受外面世界的重擔，只做一個理性的人，只保留理性生活邏輯，認為自己的情緒和感覺是「不理性」的，你就失去了透過每天的情緒感覺來傾聽你內心真實聲音的每個剎那，你和自己靈魂的距離會愈來愈遠，不知什麼時候，就把世界過成了地獄，把自己活成了獄卒。

　　人生未爆彈是什麼？就是藏在你靈魂深處的情緒 TNT。每個人的引爆點不同：有的人 10000 噸炸藥量才引爆自己的靈魂，有的人 0.1 克微量炸藥就會引爆；完全取決於你對你情緒調整的能力和你對引爆點的界線何在，以及你對自己人生的態度。我唯一可以確定的是，你的未爆彈在漫漫人生中至少會爆一次。

　　那麼你問，如果人生未爆彈引爆後會怎樣呢？我的答案應該就是「崩潰」吧。那麼崩潰是什麼呢？我的解釋是：「你的靈魂含著淚衝出了你的肉體。」

　　我不知道你的引爆點是什麼？也不知道你的引爆計時器何時歸零？但我

知道那年我父親突然過世時，所有當初我相信的都成了假象，崩潰只距離我1公分遠，倒數計時器只差一秒歸零。然而努力多年，我終於卸除了引線。

這本書裡的黑白線條主角，是我在2020年至2021年間畫的。那時疫情剛開始，人們被突如其來的狀況困鎖起來。所有之前習以為常的運作輒然停止，世界如同斷裂的汽車齒輪皮帶，我們只能坐在車裡，等待道路救援。

我和所有人一樣待在家裡。我的生活本來就靜止封閉，我和這個世界的關係一直都是：我像一個每天坐在大玻璃球裡往外隔絕觀察、偶爾出來散個步的人。但當整個世界都跟著我一塊兒閉鎖，我反而關心起：這個世界會變成什麼樣子？人們會變成什麼樣子？

我以為，世界靜止了，人類會重新省思。因為之前這些年，商業似乎把世界每一道門打開，卻把每一個人的心禁錮了。世界的繁忙運作像一道隱形牆把我們鎖在裡面；大家只考慮我們和社會、團體、和別人的關係，已經很少思考「我」和「自己」的關係。我們醉心於探索外太空，卻忽略了內太空：我們可以成為任何人，卻不想成為自己。無頭的男主角、無臉的女主角，可能是你，可能是他，可能是我。

世界靜了又動，我以為疫情後人們會因為曾經靜止獨處而打開自我、向內探索，沒想到世界再度轉動的加速度，又形成了整片更沉重多變、壓在每個人頭頂的龐大雲層。我們更需要用我們的內心世界來面對外在，因為世界的每一天都是未知；但如果內心是大海，我們對這個大海的了解，就像是用手電筒那束光照進海平面200公尺以下般微弱，大部分人連戴上潛水帽、再潛入漆黑海底的勇氣都沒有。每個人都在找尋不辛苦並且沒有後遺症的快樂，來替代自己每天真正的情緒和感覺。而無可避免的是，在這紛亂時代，如果你沒有和你的內心連上線，你的靈魂自我導航系統就已經失效了。你的人生難以啟動。

人生不是天氣預報，這個時代，人生好像模式化到有太多的預測方式：數字很重要、方法很重要，都可以用來預測你需要達到的人生目標，卻沒有人會用情緒和感覺來預測你的人生。然而，我們的人生真的不是可以推算的天氣預報，何況天氣預報也一直有變數。

讓我這樣預測我們的變數人生吧：

我們每天一個人面對這個從來不合理的世界，但人類靈魂最奇妙之處，就是它能在任何不合理中建構出希望和夢想。不論好或不好，你每天的情緒和感覺都將不斷地觸動你，最後，靈魂會伸個懶腰告訴你：別停留在你打的情緒之結裡，載著夢想，好好騎上你自己人生這隻未知怪獸吧。你有大大小小很多隻呢。

人生也許就是，等你的未爆彈走到最後那一刻，讓自己在心裡下場情緒的大雨，再騎上你選擇的那隻怪獸，奔向世界每一天的未知，試著把它變成一場場屬於你自己的煙火或彩虹。

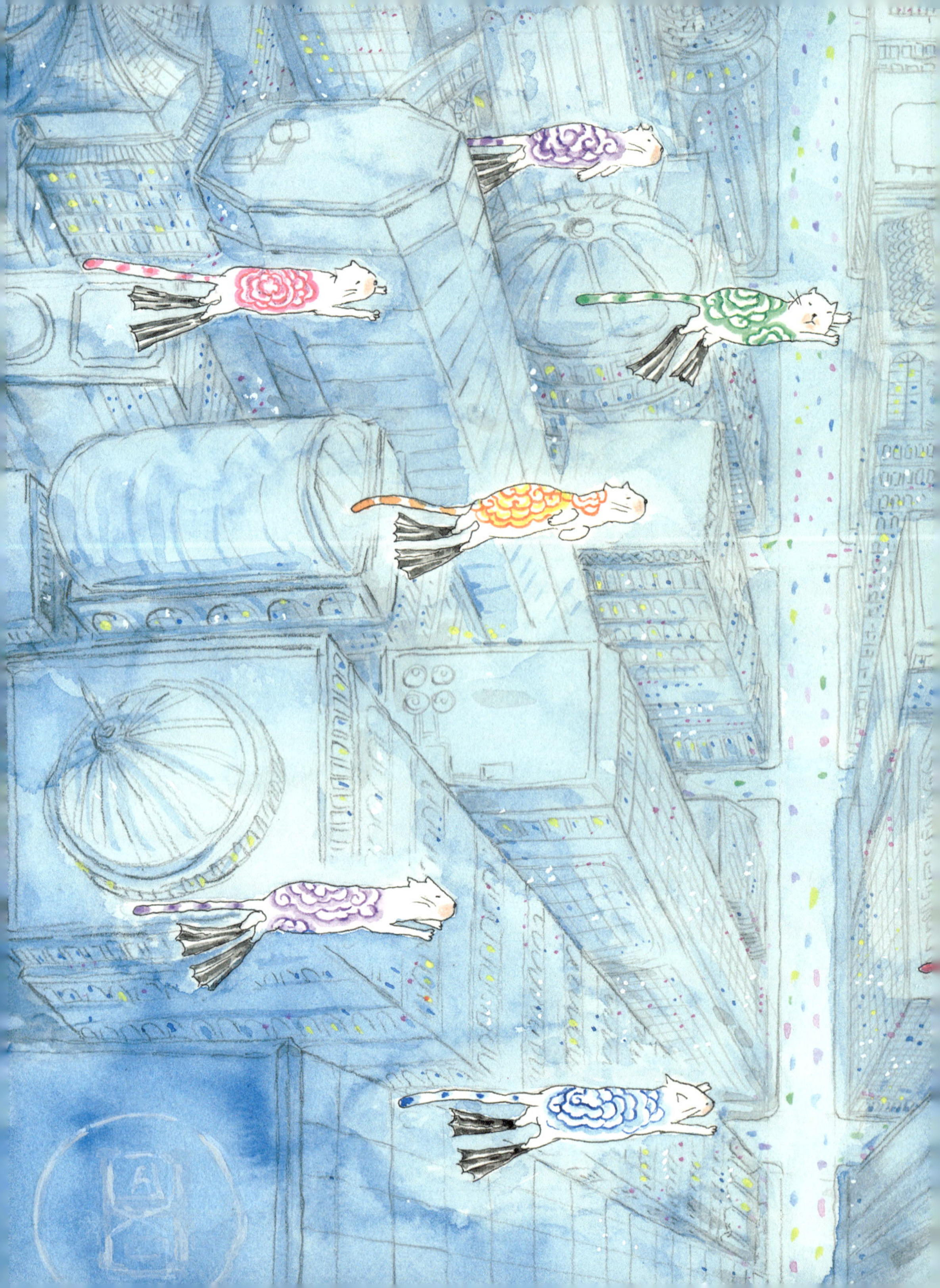

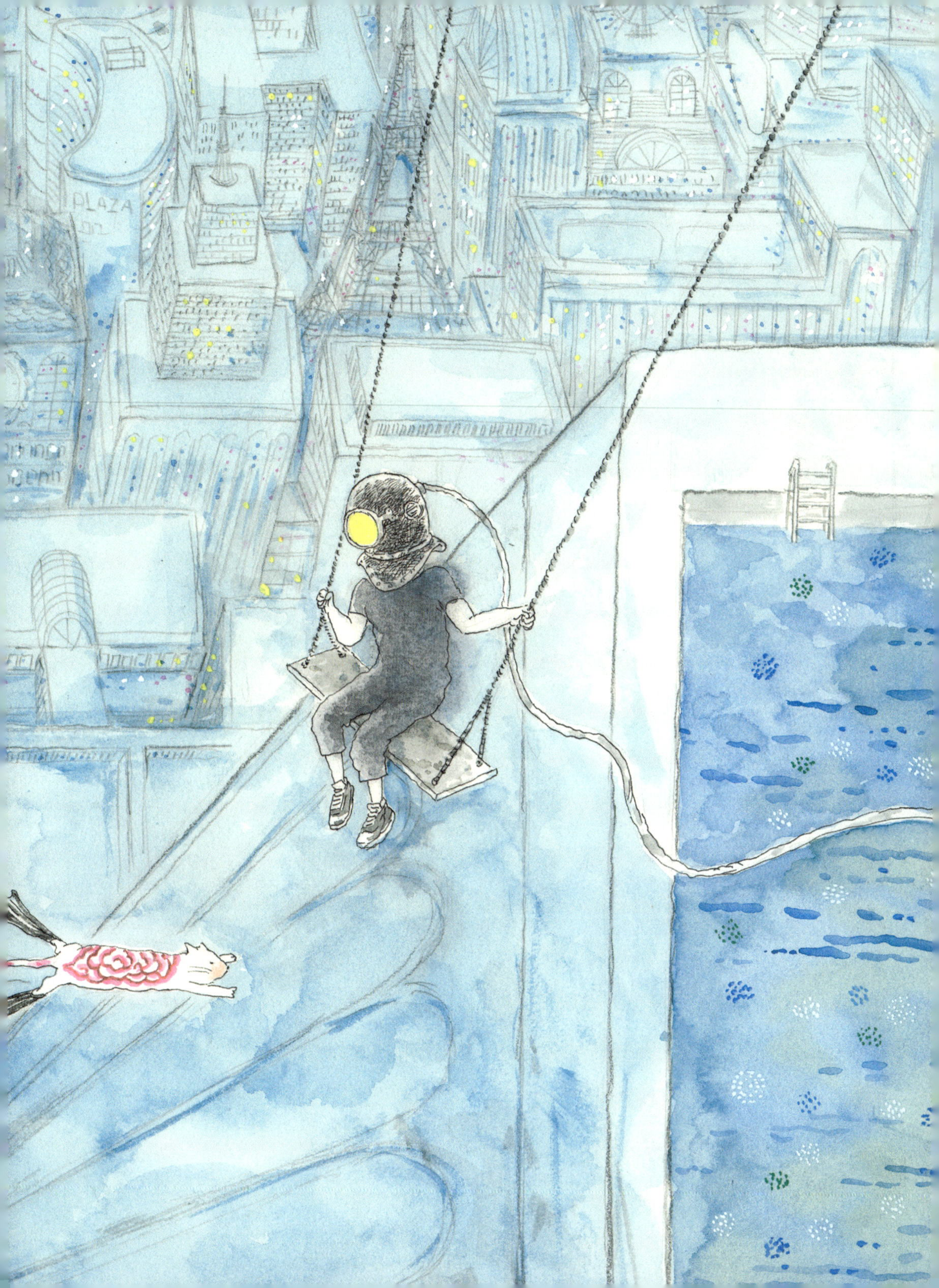
PLAZA

遇見一隻戴潛水帽的章魚，牠告訴我：

這個世界越來越危險了。

Life is a Bomb

1

白色的雲下著黑色的雨和黑色的雲下著白色的雨,你想哪一種淋溼自己?
旋轉木馬和摩天輪,你傾向從哪一個摔下來?
昨天的煩惱和今天的煩惱,你選擇先忽略哪一個?
假日的靈魂和平日的靈魂,你想和哪一個一起喝醉?
遇見了一隻一直問著奇怪問題的章魚。

我說:人生有好多方向,就像你的腳一樣多。
我也想選擇一個知道答案的人生,但我每天回答這些問題的答案都會不一樣。
我們每一個人就這麼活著,在所有自己的各種情緒和遭遇裡活著。
就這麼一個人努力面對一整個世界。
不知道這個世界到底是什麼樣?
也不知道所謂的人生到底是什麼樣?
也許活著活著就知道了。
然後也懂得了。

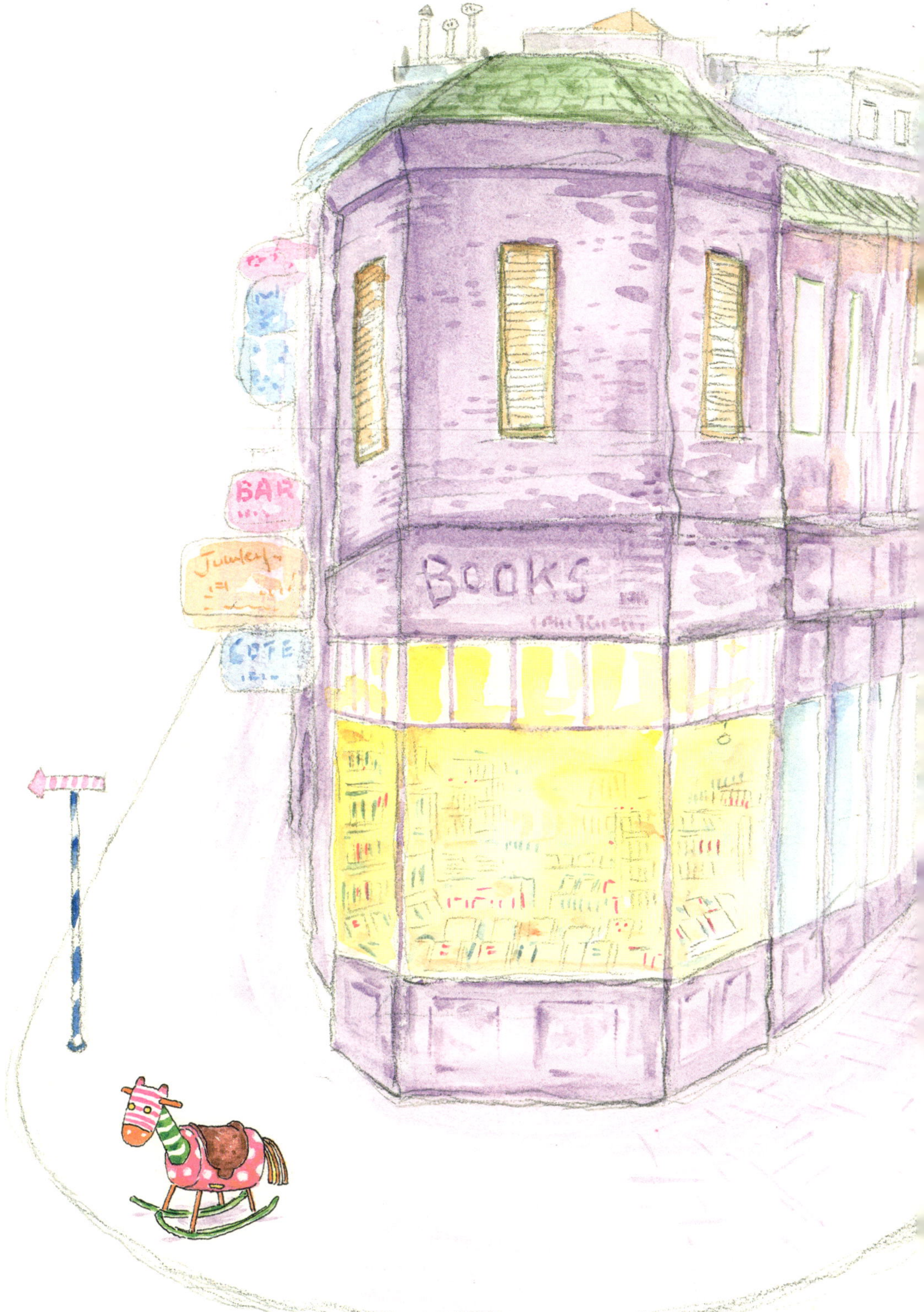
BAR
COFE
BOOKS

每個人都跟我說
　長大吧
每個人都跟我說
　做自己
他們是好意
但他們從沒仔細想過
長大和做自己
　是不可能同時發生的

以為長出鬍子
就是長大
後來才知道
每天都得花時間刮掉
才是長大

小時候
喜歡做夢
長大後
還是喜歡做夢
只是小時候
不必付代價

睡覺時候做的夢
　　都是屬於自己的夢
清醒時候做的夢
　　都是屬於別人的夢

走在路上
看見滿地破碎殘缺的心
很想提醒那些人
第二天清晨四點半
清道夫上工前還來得及拾回

在沙漠中
有了一杯水
和一條金魚、
我到底該救自己
還是救牠

有時
我們就像一條
沒有安全感的金魚、
雖然
金魚的記憶只有8秒
但新的恐懼
總是在8秒後緊接著舊的恐懼

常常覺得
我並沒有把自己關起來
事實是
我把世界關在外面了

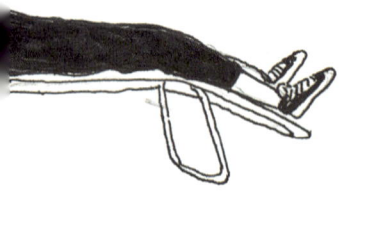

睡了一下午
結果天還沒黑,
看樣子 月亮也在睡

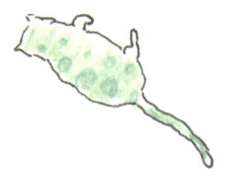

在美術館
在一幅畫前

坐了一小時十五分三十秒
還是沒看懂

決定再坐一小時十五分三十秒

工作經驗 ： 無
興趣 ： 無
婚姻 ： 無
工作期待 ： 無
人生目標 ： 無
寄出第十四份求職信

接到詐騙電話
電話那一頭
假裝是我女友
我們說了二十分鐘
只因為我想念已分手三個月的她

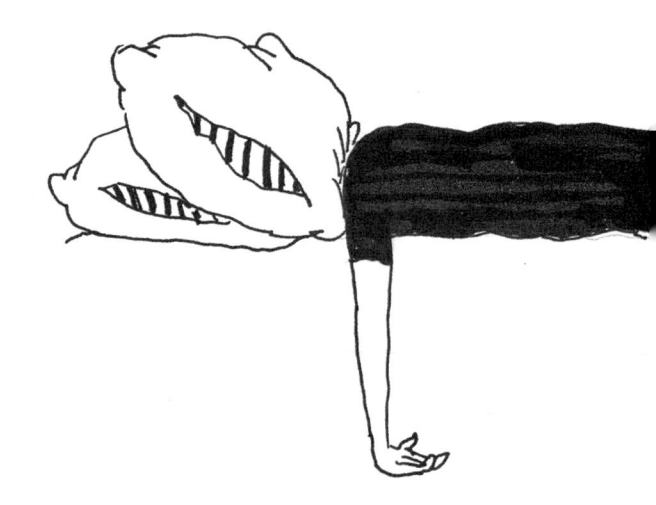

又失眠
這兩周第九晚
　沒喝咖啡
　沒喝茶
　沒失戀
　沒失業
生活沒什麼波動
　是不是太平靜了
　　　反而和這個世界格格不入

自動販賣機
可以掉出
飲料
零嘴
香菸
酒類
彩券
扭蛋
口罩
保險套

不知什麼時候
可以掉出情人

我和酒精的關係
是一種單純的關係
我把瓶子裡的酒精
裝進我身體
瓶子把我的腦子
裝進它身體

有事
就藏在心裡吧
這樣比較安全
雖然藏久藏多了不好受
也許這樣比較安全吧

看著養了八年的貓
心想
如果他變成情人有多好
看著養了八年的貓
心想
如果真的變成了情人
我還會喜歡他嗎

活了大半輩子
才發現
對許多事已無動於衷
可能是因為
這輩子已經為別人流太多淚
以至於
自己的心生鏽了

青春
就是財富
財富
就是青春
做醫美的朋友這麼說

開著
我的二手車
載著
我不知幾手的新女友

記得所有曾喝過的酒名
　　卻記不住
所有陪我喝過酒
　　的女人名字

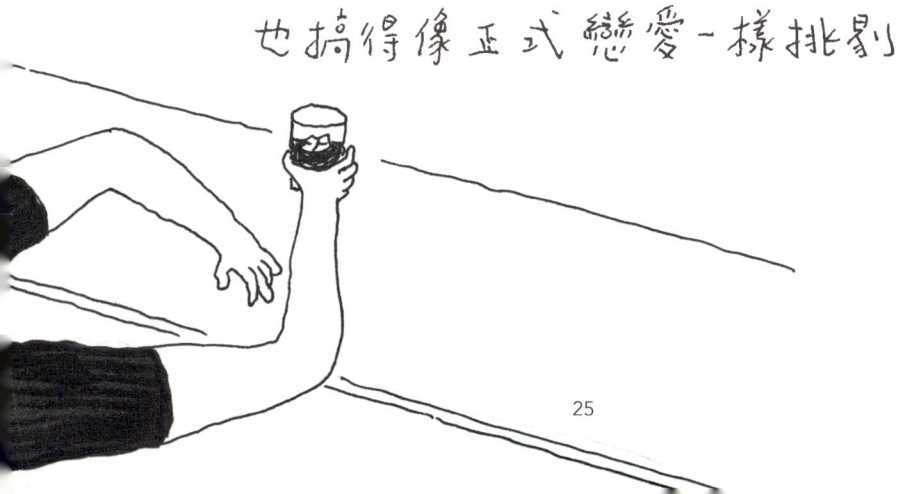

珍妮稍胖了一點
艾波矮了一些
茜茜笑起來有點嚇人
真麻煩
在pub搞一夜情
怎麼
　　也搞得像正式戀愛一樣排劇

我們每天和 危險 擦身而過
我們每天和 奇蹟 擦身而過
我們每天和 幸運 擦身而過
我們每天和 噩運 擦身而過
我們每天都在和宇宙各種事物
擦身而過

可能就是因為這樣
我們才能平凡又平淡的過完一生

每次送的禮物
　都太貴重了
以至於
　她從來沒注意過我

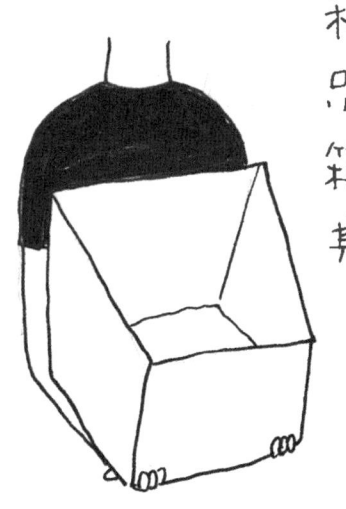

和她分手
只帶走一箱
箱內空無一物
其實裡面裝滿了
　　別人看不見的記憶

心很容易碎
尤其自己的

手機沒人接
知道她已經換了號碼
但還是忍不住撥打
也許世上仍存在奇蹟
可以連上線

常常裝睡
只是想
也許可以
突然捉住夢

又起晚了
但還是趕上該趕上的那班車
車廂竟然還有一空位
坐下來打盹時
心中不禁想
今日份的好運是不是用完了

搖搖晃晃的車廂
搖搖晃晃划手機
搖搖晃晃第七站
搖搖晃晃步入公司
搖搖晃晃8小時
搖搖晃晃的車廂
搖搖晃晃划手機
搖搖晃晃第七站
搖搖晃晃回到家

我的搖晃人生

遇見一個愛哭的女孩
真的很想很想
幫她在眼睛上
裝一支雨刷

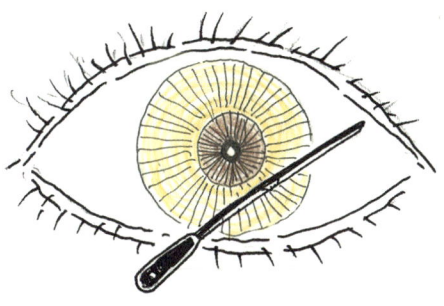

遇見……

她問我
生日要送什麼禮物給她
我說
送青春
結果她哭了
之後她笑的比什麼都開心

留一杯咖啡給妳
雖然已經微涼了
但我會用雙手摀住最後的溫度
那晚
她終於愛上了我

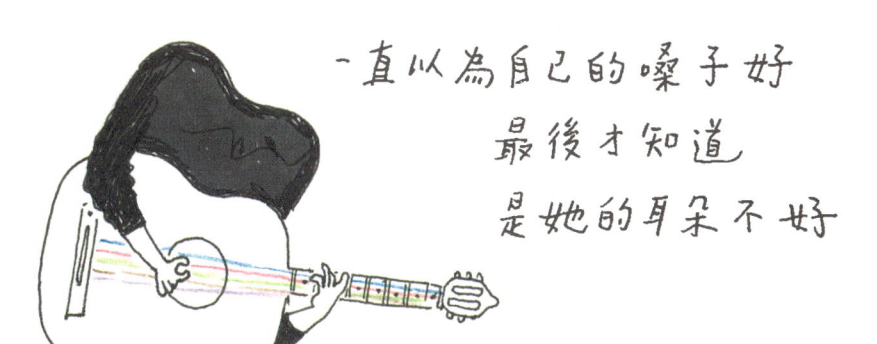

一直以為自己的嗓子好
　　最後才知道
　　是她的耳朵不好

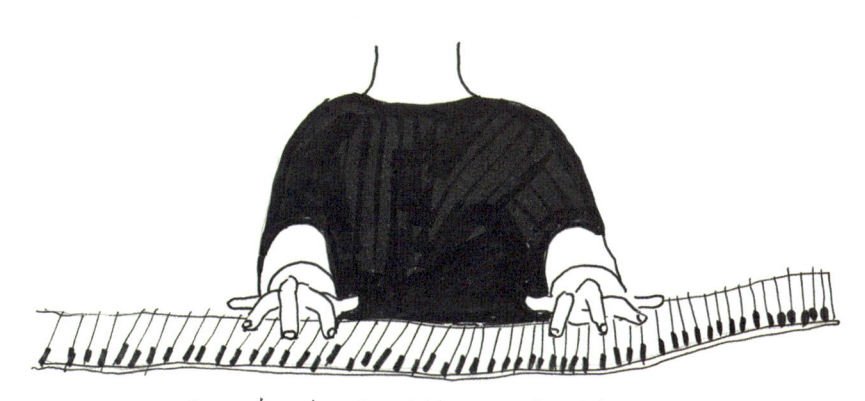

陶醉在和諧的音符中
但有時
還是會回一下神
提醒自己彈完後
又要回到一個
不和諧的世界

配眼鏡
挑了好久
總是找不到合適的
懷念以前
眼睛好的時候
還有
懷念以前
沒那麼多選擇的時候

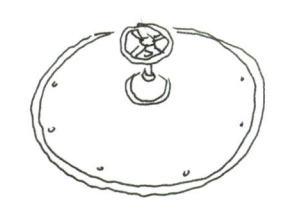

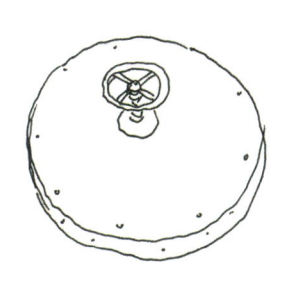

世界末日分兩種
　一種是全世界的末日
　這輩子只會有一次

　另一種是自己的世界末日
　這輩子會有許多次

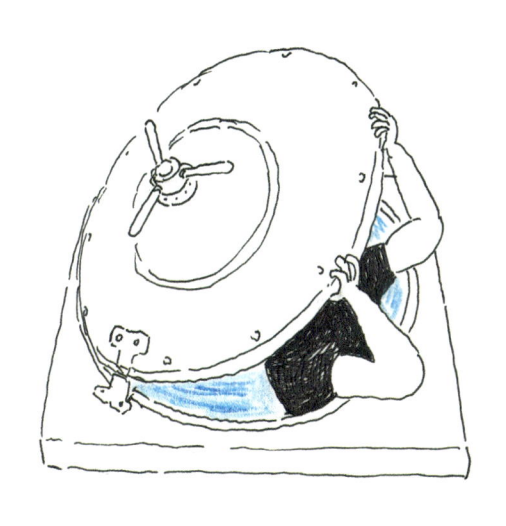

抱著摔斷胳膊的決心
抱著跌折大腿的決心
也抱著腦震盪的決心

沒什麼好怕的
吃飯都還有可能噎到

喜歡在咖啡館
寫東西喝咖啡
其實從來沒寫超過一行字
但我還是告訴自己
創作本來就是一條艱辛的路

在家聽老歌
　聽到了快樂
　聽到了悲傷
　聽到了回憶
　　什麼都聽到了
　　就是沒聽到
　　女友在戲院門口狂CALL
　　　　我的手機聲

IN the ZOO
看黑猩猩
心想二百五十萬年前
一步之差
我們變成人類
他們還是猩猩
二百五十萬年後
他們待在他們的牢籠裡
我們待在我們的牢籠裡

某種程度上
我們都困在這個人生中
所以
與其說是宅在家裡
不如說
宅在人生裡

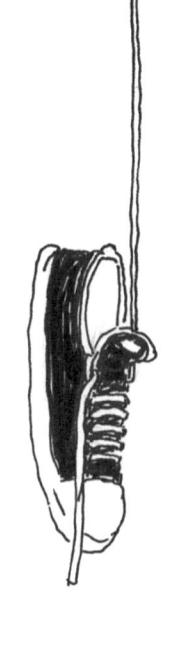

大家都在問我
最近在忙什麼
噓
我一直在策劃
如何從這個世界脫逃

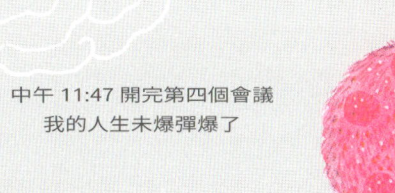

中午 11:47 開完第四個會議
我的人生未爆彈爆了

半夜 1:34 飢腸轆轆吃泡麵時
我的人生未爆彈爆了

連續半年存款餘額不到四位數
我的人生未爆彈爆了

Life is a Mess

2

122 歲的印地安巫師在青色裊裊煙氣中看著我腦中的東西,
問困擾我的是哪一種焦慮?
有狂跳社交舞的大象,
患了急躁症的猴子,
拚命收集堅果的倉鼠,
憋在水底不願見客的河馬,
嫌自己腳太多的毛毛蟲……

我回答:我的焦慮是,每天想法都不一樣,每天都想逃離這個世界。

巫師說:你以為自己在逃離這個世界,其實你一直在用各種方式逃離你自己。
這個世界變得太複雜,每個人的生活都已經不屬於自己,
你們每天都會和自己擦身而過,所以不用再逃離自己那顆心了。
如果能慢慢找到靈魂一點一點被打斷的你自己,
再慢慢拼湊起來,
你才能真正擁有你自己的故事。

I Love my Self

烏姆拉索迪
千瑞歐撒拉
某布西堆古
阿毫拉雷爾
遇見一個不認識的人
說著聽不懂的語言
雖然這樣
但看著他
知道沒有惡意
不像
說著聽得懂的語言
我認識的那些人

(−,+)　　　(+,+)

(−,−)　　　(+,−)

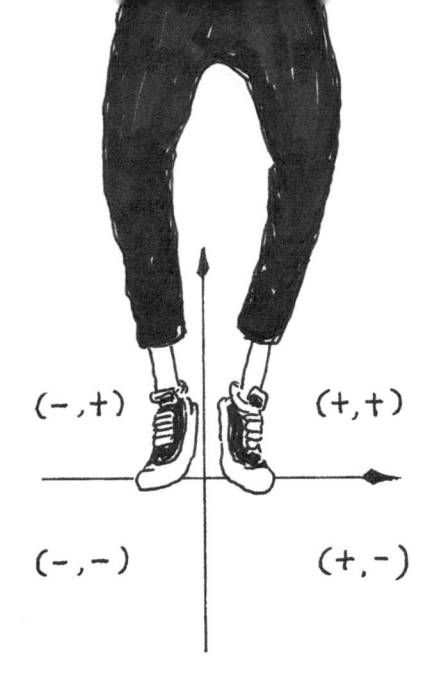

越來越難交到朋友
無論同性朋友或異性朋友
雖然居住在同一城市
但各自卻在不同的象限
也許
處在1932年沃利瓦主張地球是平的
那個時代
大家比較容易交個朋友

聽說
只是聽說
拿菸的樣子
可以看出一個人真正在想什麼
只可惜

現在已經到處禁菸

你有翅膀嗎
他有翅膀嗎
看樣子大家都沒有翅膀
既然這樣
那我就先把翅膀藏好
別讓人看見了

談了七次戀愛
搬了四次家
買了三支手機
做了五份工作

卻算不出
心態已經換了幾次

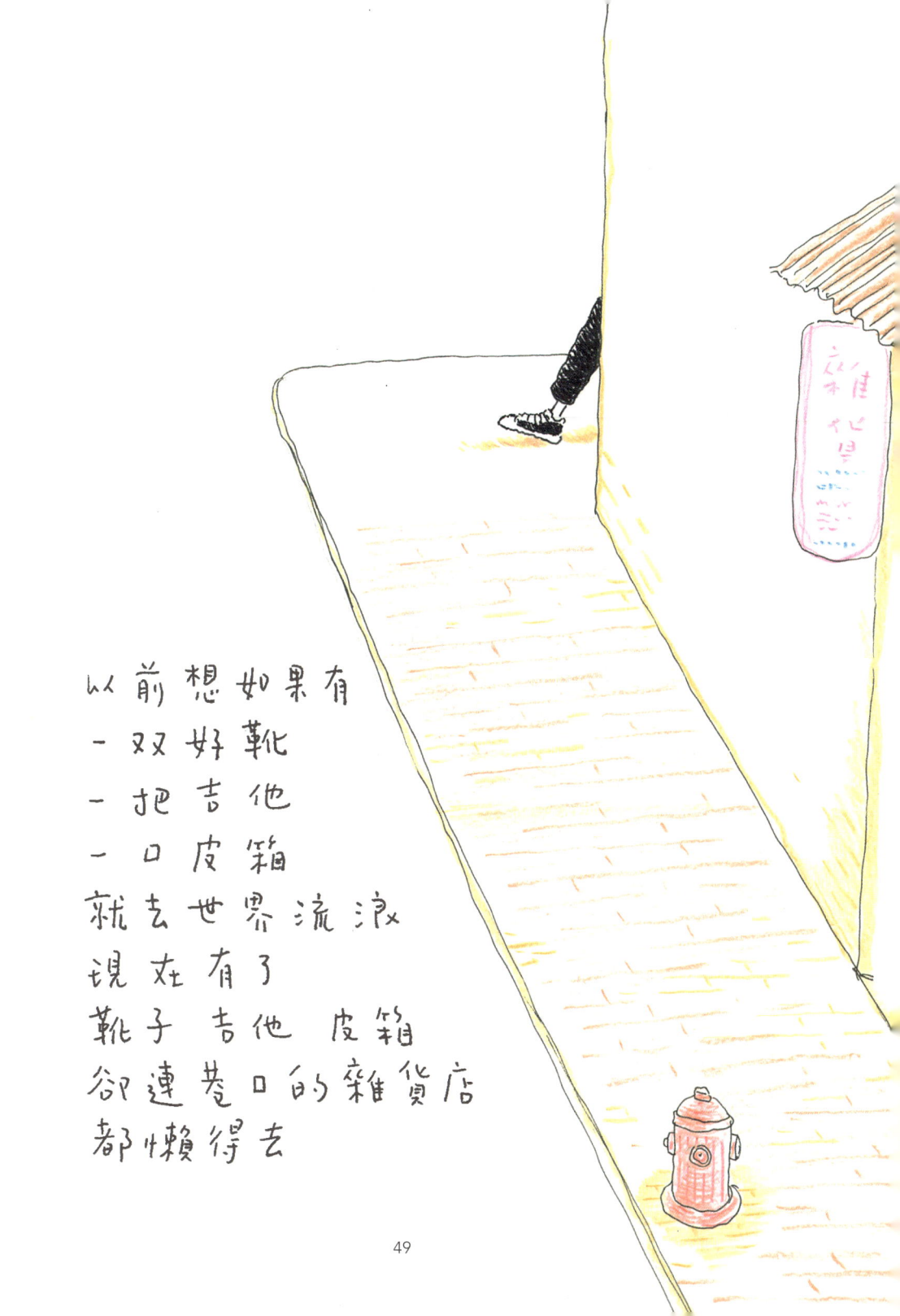

以前想如果有
一双好靴
一把吉他
一口皮箱
就去世界流浪
現在有了
靴子 吉他 皮箱
卻連巷口的雜貨店
都懶得去

一直拿不定主意
該養貓還是養狗
一直拿不定主意
該吃滷肉飯還是義式麵
一直拿不定主意
該看戲還是逛街
一直拿不定主意
該喝奶茶還是拿鐵
一直拿不定主意
該單身還是結婚

一直拿不定主意
該過一個對自己有意義
還是
過一個對別人有意義
的人生

一口氣
看完好幾本哲學書
說的都是生死
突然
很想去吃碗雞肉咖哩飯

為什麼
大家都喜歡廉價
情緒的東西
可能因為這個時代
已經沒有真正值得
落淚的事

算命的說
人一輩子能賺多少是定數
人一輩子能活多久也是定數
不知道我的壽命有多長
我想應該暫時還不用擔心
先搞清楚能賺多少吧

現在的人
是不是已經不善於用文字表達情緒
算了一下
我和艾莉通信五分鐘
她已經用了八次表情貼圖
我已經用了十次表情貼圖

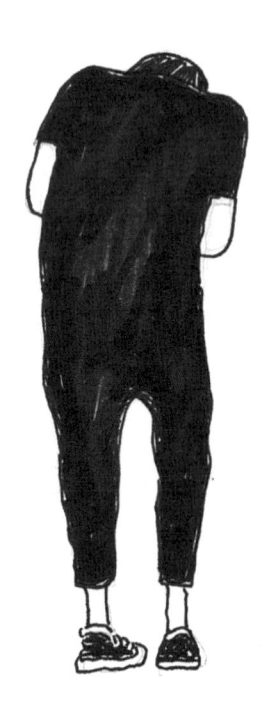

如果沒有發明手機
現在會是一個什麼樣
的世界
不知道
但我想
應該至少是一個
人類可以抬頭挺胸
的世界

爆炸 20000 噸黃色炸藥
範圍 2.14 平方公里
溫度 1000 萬華氏度
原來這就是原子彈的威力
我的內心瞬間感受到
在接到女友發給我的
分手簡訊時

看著她遠去的背影
知道這是最後一次
以後不會再見面
雖然一時分不清
惋惜還是慶幸
眼眶竟然有些濕潤

點一杯拿鐵
送上的是焦糖瑪琪朵
服務生笑著說
人生別太計較
想想也是
於是喝了焦糖瑪琪朵
下肚的是拿鐵

學校教我
人生是一種 實現

社會教我
人生是一種 現實

問自己
今天又做了一天
合情合理合群的人
怎麼樣
累不累
應該還好吧
都已經假裝那麼多年了

在社會混了多年
常在想
我的個性
像貓還是像狗
想了很久
終於明白
像狗
因為
貓絕不會出賣自己的靈魂

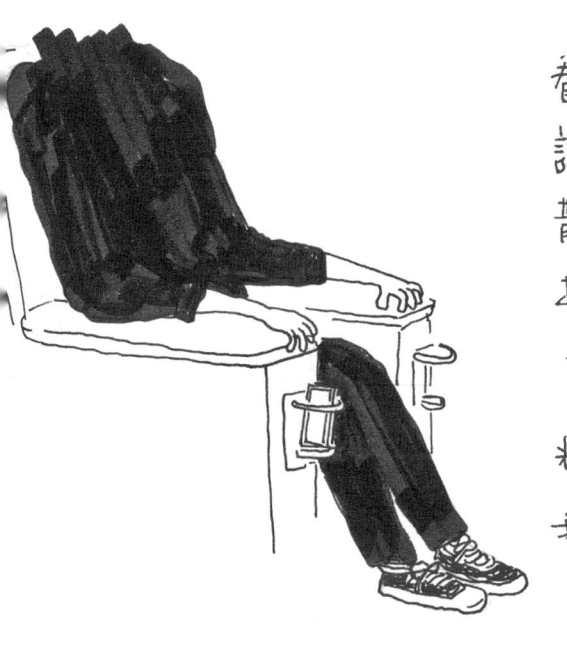

看一部神怪片
講精靈困在神燈裡
散場前
接了六通手機
十二條簡訊

精靈困在神燈裡
我困在手機裡

這年頭不能心情不好
沒有朋友
沒有情人
沒有嗜好
沒有假期
只能找酒精訴說了

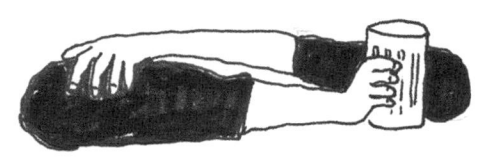

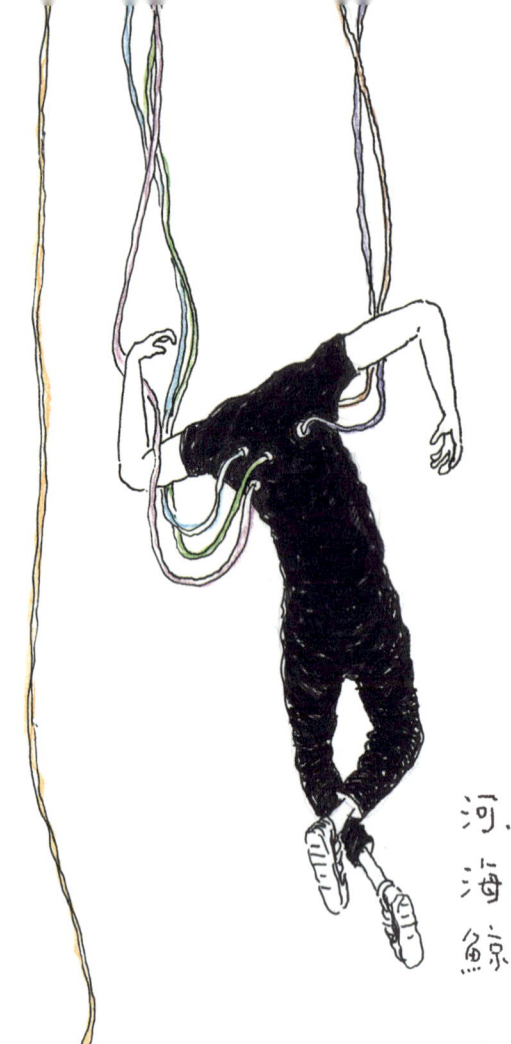

河馬可以憋氣5分鐘
海豚可以憋氣12分鐘
鯨魚可以憋氣60分鐘

人類最厲害
為了生存
每天出門上班討生活
至少能憋氣8小時

昨天晚上九點睡
今天中午十二點醒
還是爬不起來
也許這個世界給我的重擊
光靠睡十五個小時
是不夠的

開心吃
會長出開心的肉
不開心吃
會長出不開心的肉
反正都會長肉
所以
還是開心地吃吧

根據研究
人平均一天會說7500句話
我算了一下我
200句是驚嘆句
700句是肯定句
剩下6600都是疑問句
看樣子
我對人生
真的充滿了疑問

我以為人生
　像大海
其實
人生是一條
　大水溝

平行世界
就是距離地球 $10^{(10^{28})}$ 次方公尺遠
的另一個地方
有一個和你長得一樣的人
做著和你一樣的工作
過著和你一樣的生活
不知道
有沒有可能
也許情人可以不一樣

遇見一個和我一樣
都是穿越時空來的人
但我們聊得並不愉快
因為我是從未來來的
他是從過去來的

這是一個代溝的時代
我和上個世代有代溝
我和下個世代有代溝
我和同個世代有代溝
我甚至
和我自己都有了代溝

溫度 21-15 度
溼度 72%
降雨機率 2%
風速 14 km/hr
嗯
是做抉擇的時候了
該上班
還是去流浪

在三萬五千英呎上空
遇上了四次亂流
兩次在座位上
一次在洗手間裡
一次在走道上
中間熱飲停止供應兩次
心中深深覺得
也許沒有翅膀的我們
不應該在空中四處飛

想不起在哪兒看的資料
搭飛機
起飛時發生意外機率
14%
降落時發生意外機率
47%
看完之後
就一直在思索
以後搭乘飛機時
如何避開這兩個時候

我並非貪生怕死
事實上
我一直都很努力的
尋找天堂和地獄
在沒找到之前
我只能待在人間
我真的不是貪生怕死

十四天來喝第一杯瑪琪朵咖啡時
我的人生未爆彈爆了

把和戀人在一起的三年
一股腦打包從兩人記憶中丟出
我的人生未爆彈爆了

無意間看到
自己小學六年級寫的日記
我的人生未爆彈爆了

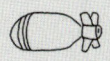

你也許有點害怕這個世界，但這個世界和你一樣孤獨，

它會常常自己來親近你。

Life is a Question

3

貓會做什麼樣的夢？
星星和月亮躺在自己的鬍鬚上約會？
魚會做什麼樣的夢？
走上金色的沙灘看銀色的海浪？
人會做什麼樣的夢？
白天的夢和夜晚的夢是不是不一樣？
清醒時的夢和沉睡時的夢哪一個更真實？

沉睡時做的夢，是我們靈魂面對人生折射出的各種情緒幻影，
清醒時做的夢，則是靈魂面對現實後再努力創造出的各種可能性。
這種建構夢想的能力，是人類靈魂所獨有。
而正因為人類有大大小小的夢想，才能一個人面對一切都是未知的人生。

然而，每個人的靈魂都有一個深不可測的洞，我們的夢想總是會從那兒溜走。
讓夢想溜走的洞是可以用其他夢想來填補的。
祕訣是：必須是你自己的夢想，而不是別人的。

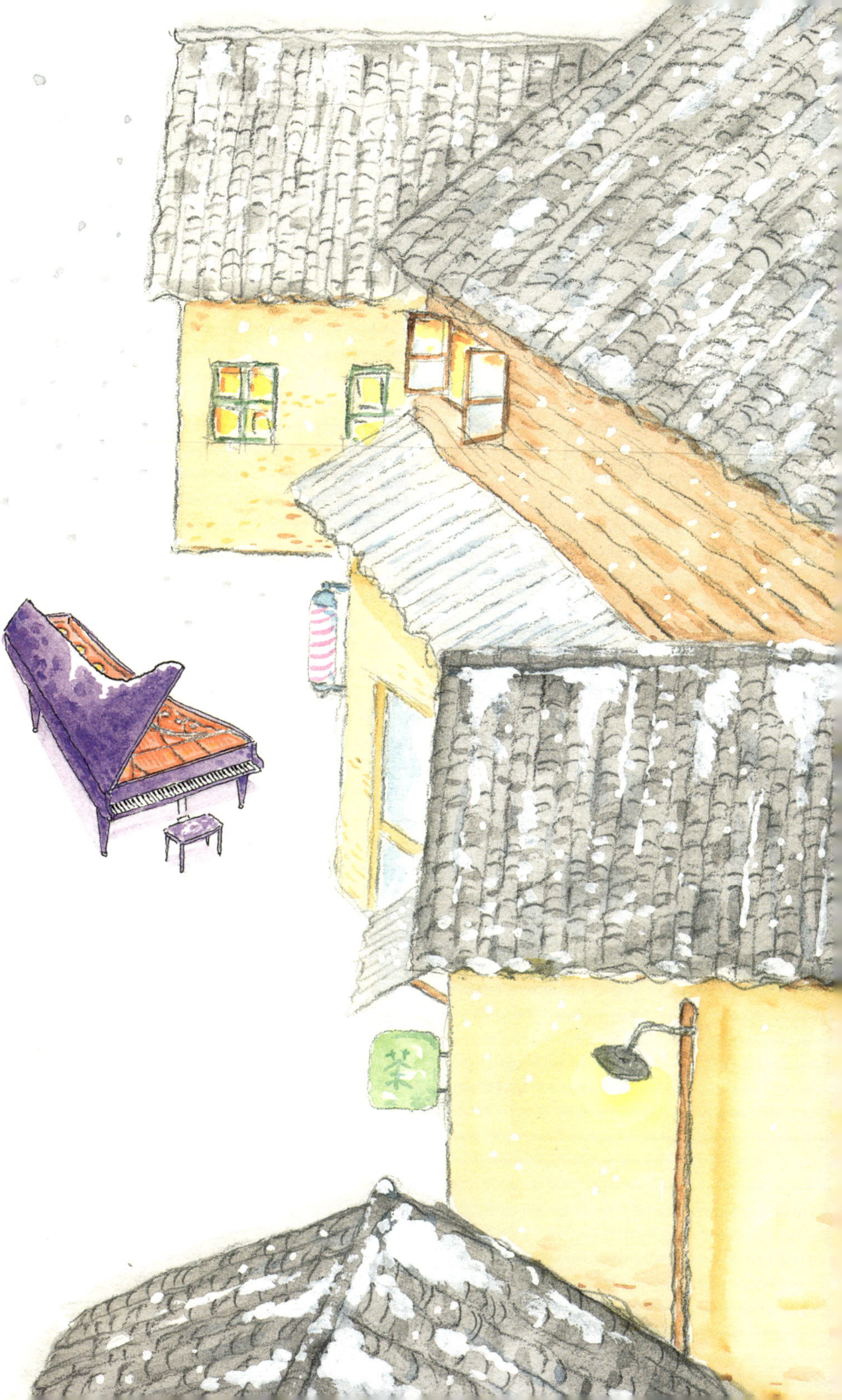
茶

人生是減法
有些說法
只是理論

我得先加滿才能減呀

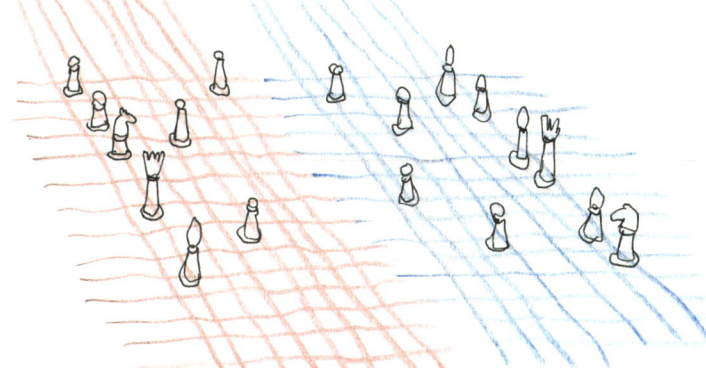

肉體 和 靈魂
是不是分開的
我覺得是
我的肉體
越來越沒法應付
我的靈魂

Happy birthday
　　to you
Happy birthday
　　to you
每年生辰
大家唱著生日快樂歌時
我都覺得時間真快
又過了一個不像自己的一年

找了一天
又找了一天
一天一天的找
只想找尋另一個
有趣的靈魂
一塊玩

發現外星人遺留下的文字
全球語文學家耗費數十年
　最後譯出原意
「茫茫人海終於相遇
　希望能與之共享餘生」
研判應該是一個來自
文明程度和我們人類差不多的
　外星宅男所留

聽演唱會
想感受一下青春
雖然隨著旋律擺動
但總是和節拍搭不起來
心中終於明白
心理和生理
都回不去16歲了

年輕時
心聲天都在吶喊
中年之後
只剩下
肚子在吶喊

世代汰換太快
才剛踏進世界
就被踢出圈
剩餘的人生
只能祈禱手機慢些換代

看著我的事業線
　　她搖頭
看著我的感情線
　　她皺眉
看著我的智慧線
　　她癟嘴
看著我的生命線
吉普賽婆婆終於滿意笑了
　　命苦的人總是長壽

出生率
升學率
成功率
報酬率
失業率
我們一生
都被列入計算中
即使人生無趣
還是要堅強過下去
因為一旦撐不住
就會被列入死亡率

突然
頓悟
人唯一能獨處的時候
竟然是
跟屎在一起的時候

想在社會生存下去
狡詐是必要的
想在社會生存下去
誠懇是必要的
想在社會生存下去
吹噓是必要的
想在社會生存下去
實在是必要的
想在社會生存下去
鄉愿是必要的
想在社會生存下去
正義是必要的
想在社會生存下去
每周看一次心理醫生
避免人格分裂是必要的

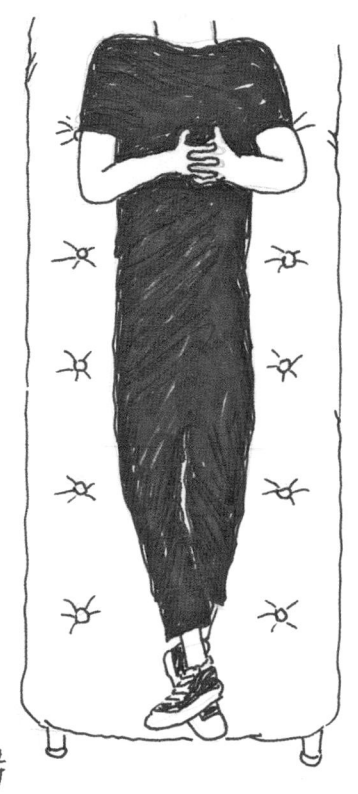

看心理醫生
在說著我的夢境時
聽到他在我背後偷吃零嘴
我決定不再和他說我的隱私
同時我也決定停止下周診療
因為
一個不專業的醫生
配上
一個不專業的病人
恐怕沒什麼治療效果。

不知從什麼時候開始
變得不信任別人
可能

那天洗澡
我開始
細數心中的疤痕

遇見一隻戴潛水帽的章魚
牠告訴我
這個世界越來越危險了

我們可以預估出
明年世界生產總額
我們可以預估出
明年國內生產總額
我們可以預估出
明年國民生產淨額
我們可以預估出
明年國民所得
但我們卻無法預估出
明年的好人數目比較多
還是壞人數目比較多

好人和壞人有什麼差別
我的看法
壞人將來下地獄受苦
好人現在留在人間受苦

富人感慨多
　　還是
窮人感慨多
我想
窮人突然變富
富人突然變窮
可能感慨比較多

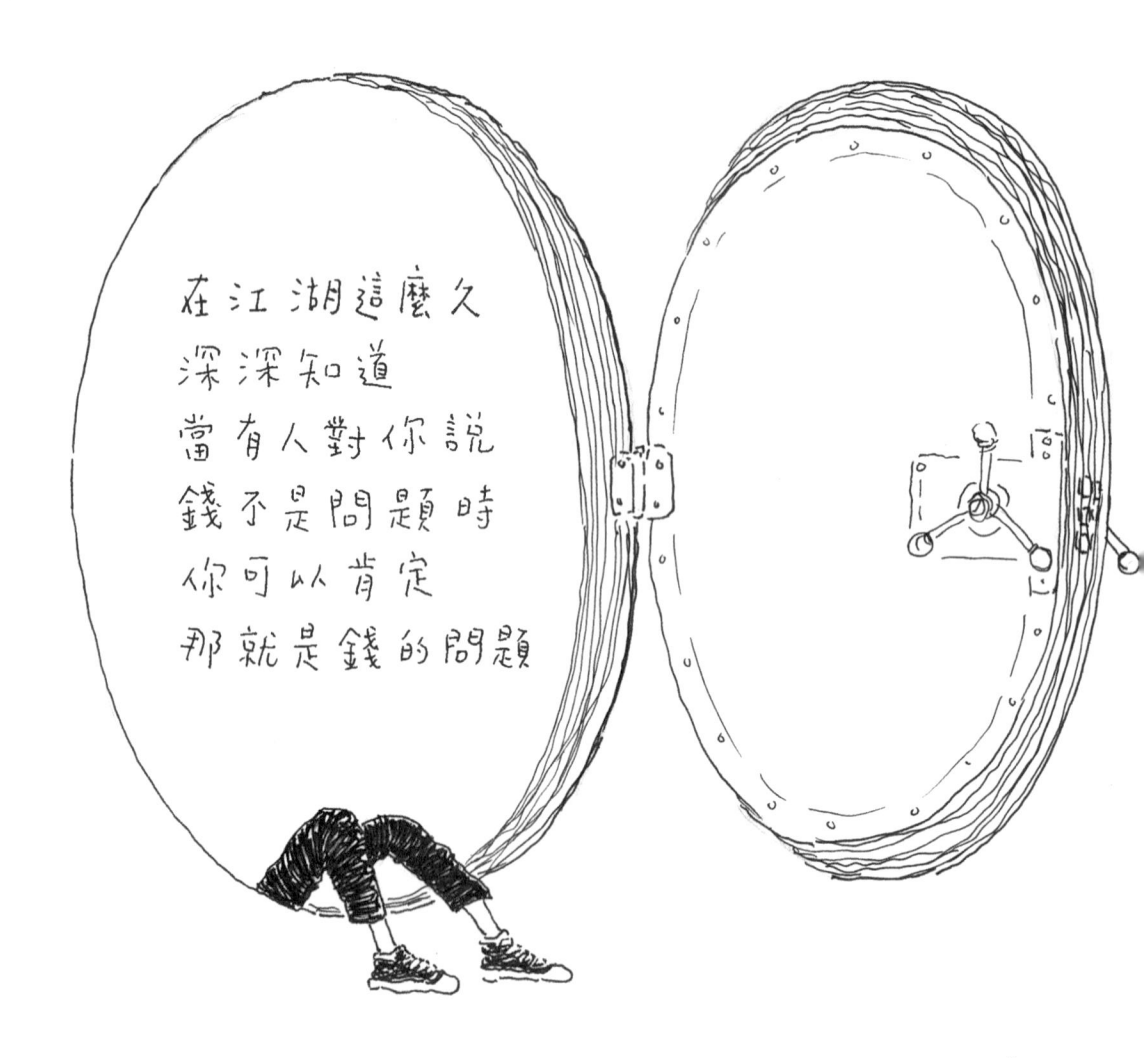

在江湖這麼久
深深知道
當有人對你說
錢不是問題時
你可以肯定
那就是錢的問題

如果我中了三億
　我會怎麼用
如果我中了兩億
　我會怎麼用
如果我中了一億
　我會怎麼用
如果我中了五千萬
　我會怎麼用
如果我中了一千萬
　我會怎麼用
　嗯
全想好了
現在只剩下
努力地繼續買彩券

人生歲月到底長還短
　用分鐘計算
　很漫長
　用小時計算
　很長
　用天數計算
　還行
　用月份計算
　有點緊張
　用年計算
　很緊張
　再好好思考一下
　我剩下的人生計算單位為何

聽說夜深時刻
最適合和自己對話
一派胡言
我和自己最後不歡而散

答案是●●
嗶　錯誤

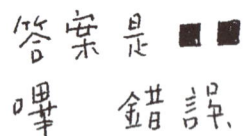

答案是▲▲
嗶　錯誤

答案是◎◎
嗶　錯誤

答案是■■
嗶　錯誤

答案是✹✹
嗶　錯誤

唉
真希望人生停止對我一再提問

凡事低調些
因為你不曉得
什麼時候會收到
　人生的帳單

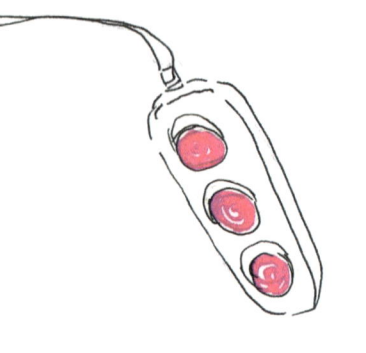

別人說
我們的人生
只是從這個世界路過

我說
我們的人生
還會被這個世界輾過

孔莊老孟墨荀子子子子子子
其實我說
最深奧的是
日子

用了大半輩子
找尋人生的大道理
直到有一天
遇見一位智者
他說
人生的大道理就是
人生根本沒什麼道理

又看到UFO
上次看到
是和ketty分手那一晚
深情的我當時痛苦萬分
但看到UFO
深深覺得
宇宙如此浩瀚無垠
人生何必侷限

於是
去找了明晚才要約會的Rose

男主角總是穿得美美的
感動人地在街頭淋雨
那天
我也試著淋雨
一點也不浪漫
心疼身上
賣場買的三折貨

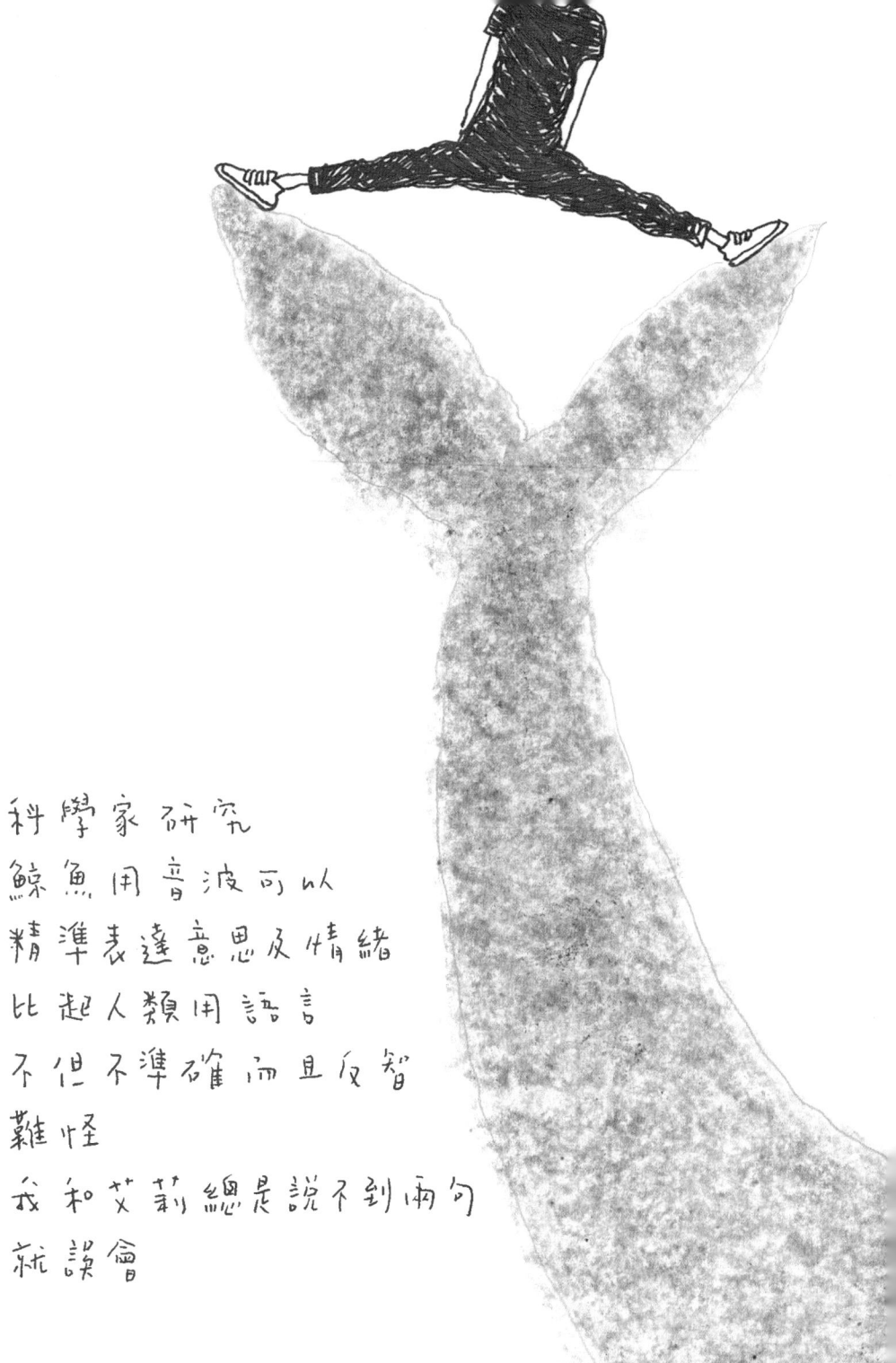

科學家研究
鯨魚用音波可以
精準表達意思及情緒
比起人類用語言
不但不準確而且反智
難怪
我和艾莉總是說不到兩句
就誤會

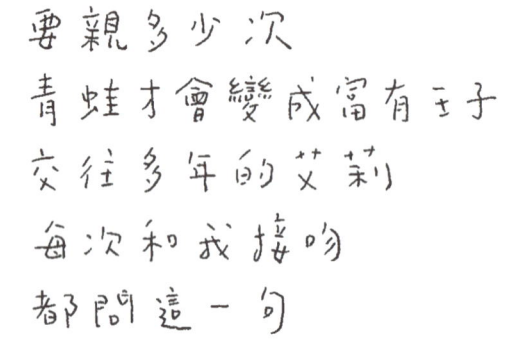

要親多少次
青蛙才會變成富有王子
交往多年的艾莉
每次和我接吻
都問這一句

看完這期科學月刊
　熄了燈
　轉身緊緊貼貼
　摟著艾莉
趁著我還沒被AI取代前

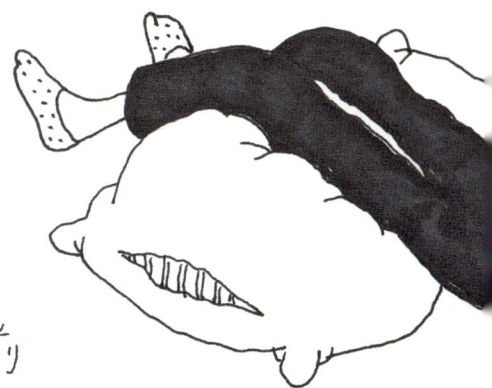

站在刺青店門口
心想
在確定刺之前
先確定是不是她

在陌生的地方發現一樣陌生的自己
我的人生未爆彈爆了

還活著但希望睡死的那一天
我的人生未爆彈爆了

停電那晚什麼都看不清
卻看清楚了自己的心
我的人生未爆彈爆了

我在太空飄流時遇到另一個人

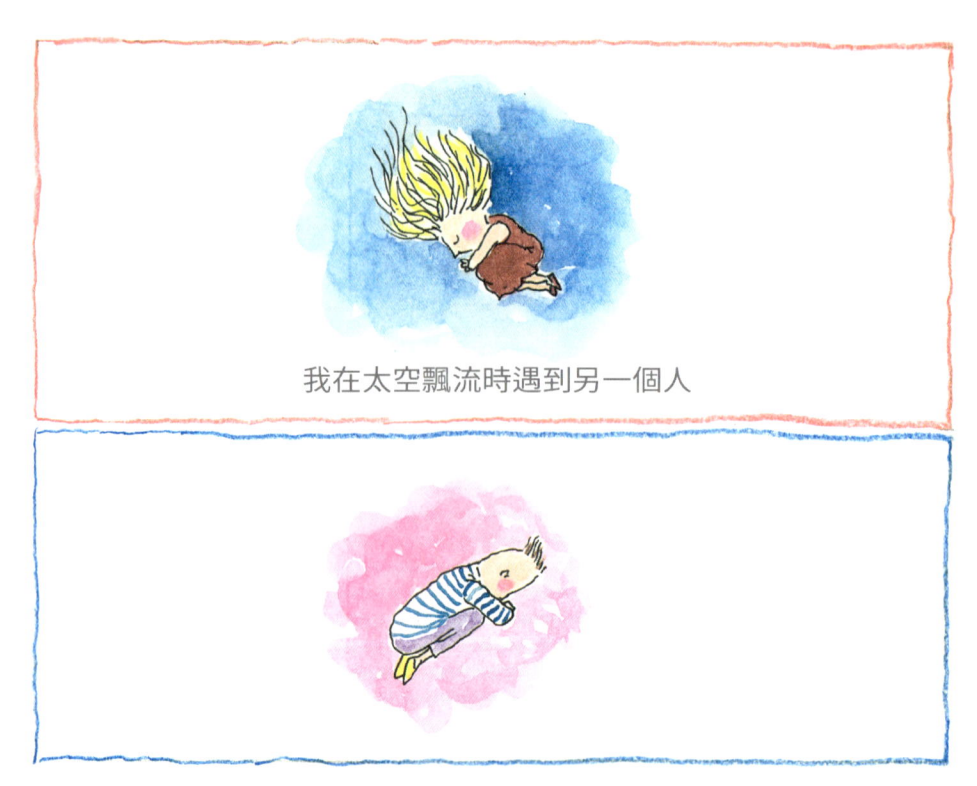

我問他一個人飄流了多久

他說四十年

我說我三十一年了

他問我寂寞嗎？

我說我 還好
有時
偶爾

我問他寂寞嗎？

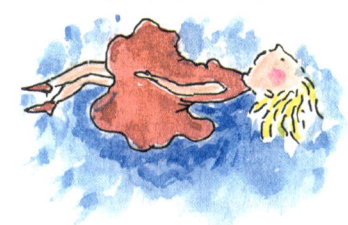

他說他 偶爾有時還好

我們彼此在太空氣流層中忽近忽遠

他突然說

一個人這麼久了，想落地回地球嗎？

我想了一下也問他

你呢？

他說似乎已經習慣一個人了　　　我說我似乎也是

我們在太空氣流層中彼此越飄越遠，但同時說出只有自己才聽得到的聲音：

「下次如果再相遇，就一塊落回地球吧。」

Life is a Play

4

城市,是夢和夢魘並存的地方。我們這個時代,有許多大大小小的城市,
每座不同的城市裡,總有著相同的一群人:
過著不同的生活,夢著不同的夢,有著不同的靈魂。
但每個人都在這個時代裡失去了些什麼。

有人失去的是選擇,被困在原處無路可走;
有人失去的是平衡,東奔西走深怕某天自己也被拋下;有人失去的是愛,
深夜時分發現身邊一個人也沒有;有人連失去了什麼也不清楚,
只能不斷地求取、不斷地試著填補。

每天晚上,人們在城市亮起的每一扇窗後咆哮低迴,緬懷失去。
他們不知道:如果太過在意失去,夢往往就變成了夢魘,
只會讓靈魂真正失去明天。

我們每個人靈魂的重量,每天都不一樣。
但時代帶給靈魂的傷痕,卻讓我們每天都越來越一樣。
我們總認為,昨天的失去與明天的獲得,
會讓靈魂重一點或輕一點,
讓我們走得近一點或遠一點。
其實,真正影響我們
在人生的未知裡能走多遠的,
和靈魂的重量無關,
是和你與自己靈魂的距離有關。

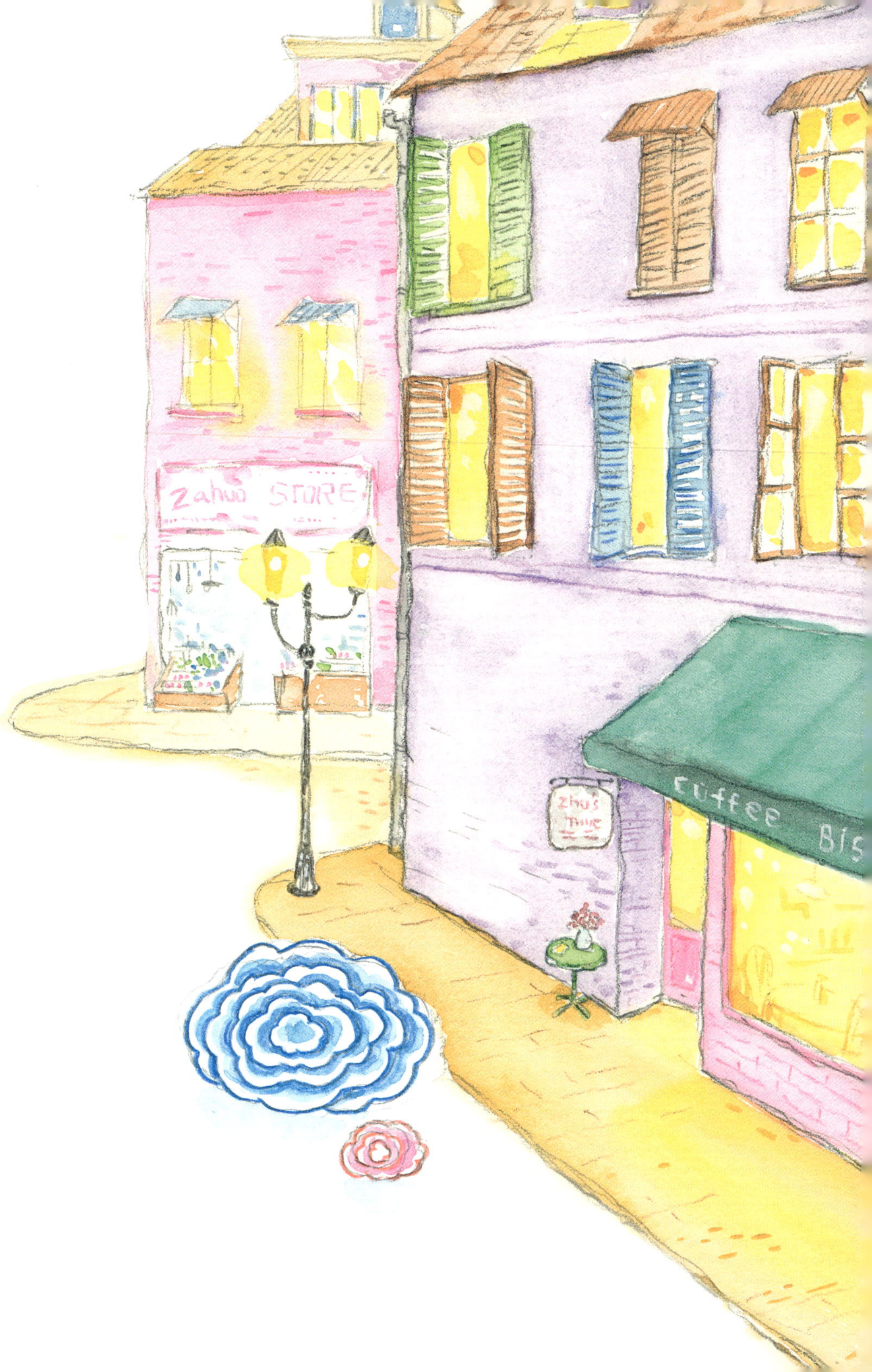
Zahuo STORE
cuffee Bis

刺青女
語重心長的說
這一次
一定要好好地挑選男人
因為
身上還能刺的部位
不多了

當初如果和Peter在一起
　現在不知會怎樣
當初如果和Johny在一起
　現在不知會怎樣
當初如果和Henry在一起
　現在不知會怎樣

現在和Tommy在一起
　未來不知會怎樣

「歡迎光臨」

「謝謝光臨」

每次進出超商
都想到我
　分分合合的戀愛過程

ANDY
他只達到我的擇偶標準35%
Bob
他只達到我的擇偶標準43%
阿來
他只達到我的擇偶標準22%

真可惜
如果移植醫學足夠進步
就可以把這三人拼成一個了

我有點搞胡塗了
所謂完美是什麼
所謂不完美是什麼
我的每個前任男友
從交往到分手
對我的評論都完全不一樣

午夜十二點鐘響

不驚動身旁熟睡的男友

緩慢起身

避免原形畢露

在化妝台前

把一夜激情後

褪去的妝補上

希望這次灰姑娘式的

戀情能有一個童話結局

在KTV唱著和前任戀人經常唱的情歌

感覺像是參加了一場自己的葬禮

只能裝進12品脫的酒瓶
卻裝進了一生的情緒

做了很久的實驗
酒精濃度5%
可以保存快樂15分鐘
酒精濃度12%
可以保存快樂45分鐘
酒精濃度20%
可以保存快樂1小時30分鐘
酒精濃度38%
可以保存快樂3小時50分鐘
酒精濃度52%
可以保存快樂
6小時28分鐘

告訴今晚的我
所有的煩惱
就交給明天的我
然而 第二天
起不來的我
看樣子不想接手

做了一個統計
人生裡的甜
佔15%
人生裡的苦
佔34%
人生裡的酸
佔8%
剩下的無味
佔43%

沉睡中靈魂出竅
　飄浮在床中央上空

深深覺得
　身旁的那個男人
　　配不上肉體的自己

吃了
五種不同的
處方藥
愉快
平靜
出門去

打開盲盒
　不是我要的
那一刻
　突然體會到
　爸媽對自己的心情

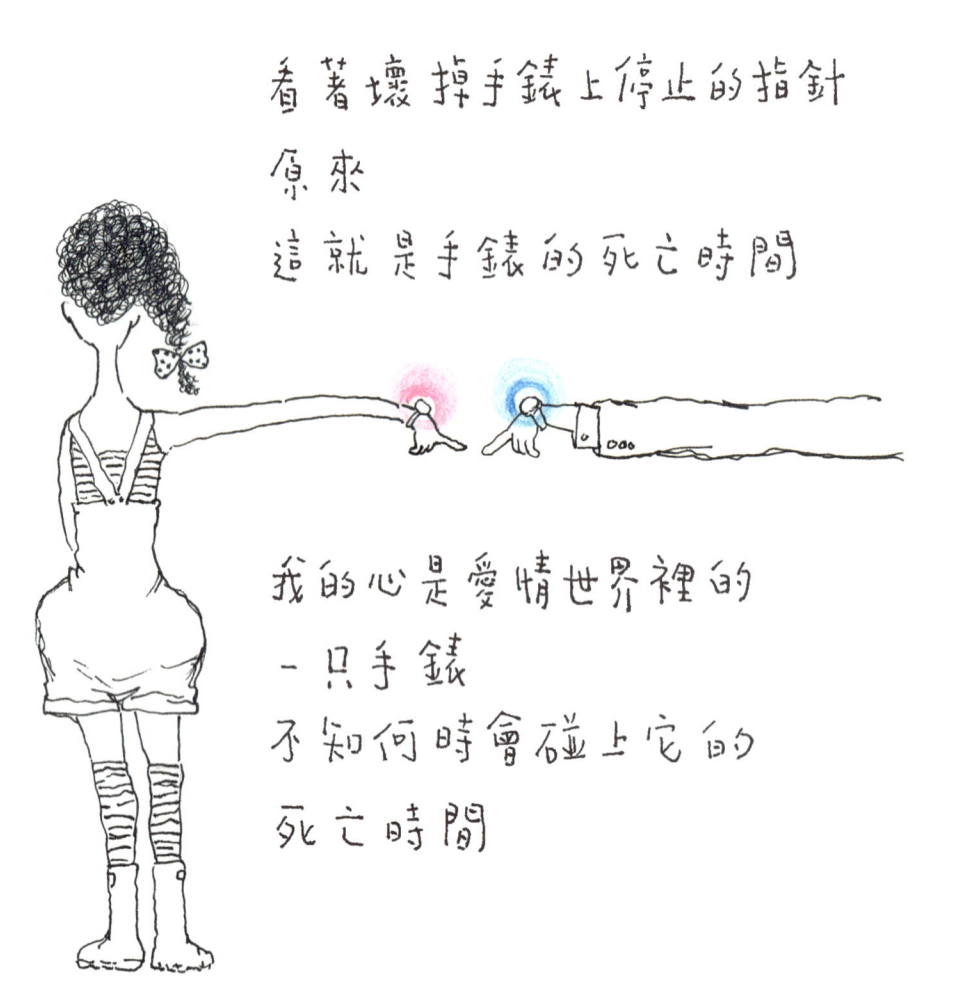

看著壞掉手錶上停止的指針
原來
這就是手錶的死亡時間

我的心是愛情世界裡的
一只手錶
不知何時會碰上它的
死亡時間

現在的科技
真的拉近了
人與人的距離
我和所有的人
都只有一支手機之隔

我完全可以體會孤獨一人
困在荒島拼命發送求救信號的感受
因為
我每天都困在家中發送求偶信號

夢見去了一個地方
那個地方一年365天
天天都是周六和周日
難得遇上百年一次的
周一
因為實在太難得了
所以那一天也放假一天

想一想
覺得責任實在太重大了
所以
還是
把自己的命運交付給別人吧

Ben Loves 珍妮
Andy Loves 小雲
我 Love 小貝
阿仁 Loves 小莉
Peter Loves me
anne Loves Andy
I Love You
Peter Loves anne
艾娃 Loves 小威
阿文 Loves anne
Aggie Loves 肯尼
小琳 Love 阿文

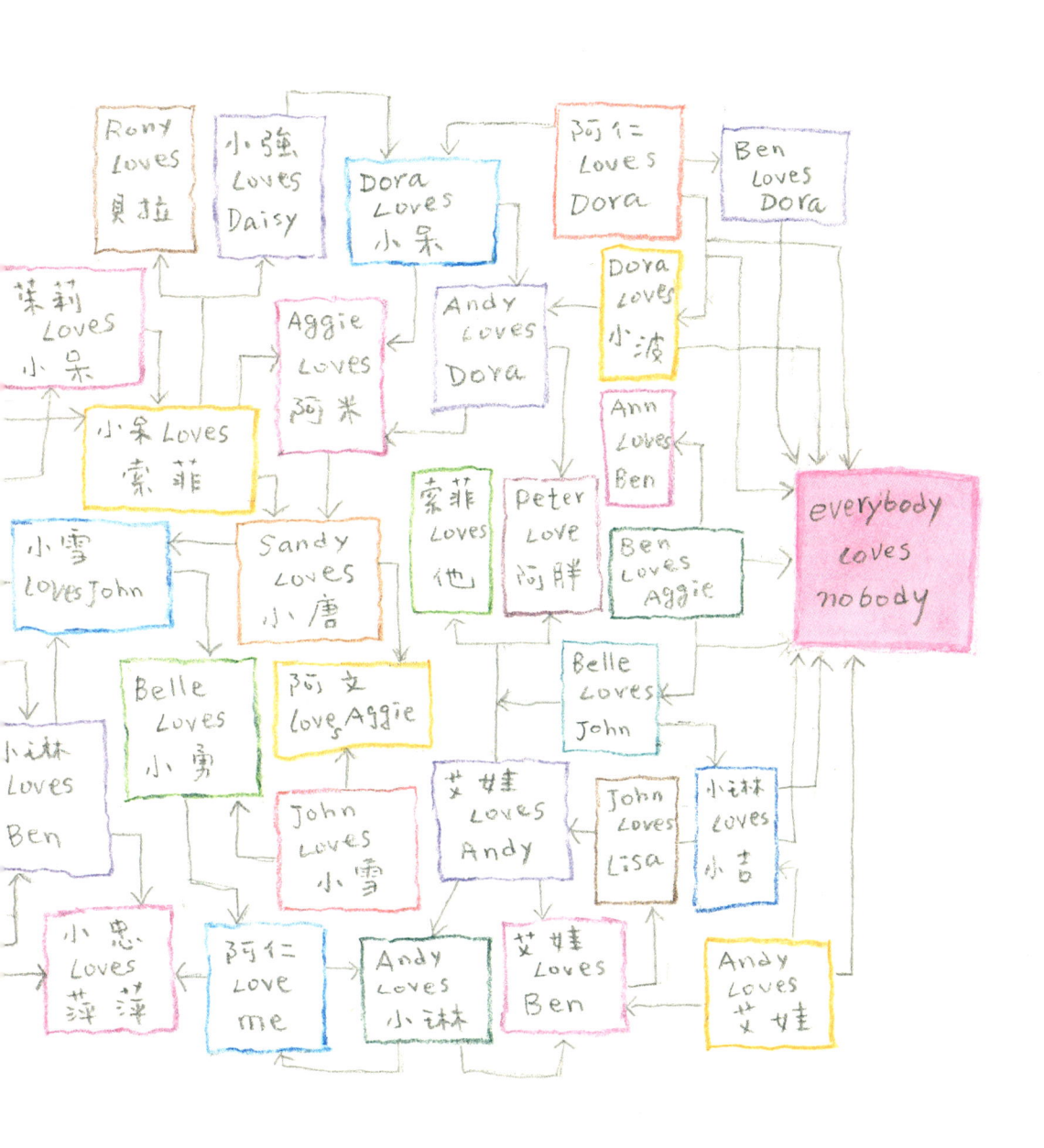

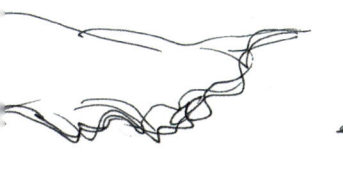

- Rony Loves 貝拉
- 小強 Loves Daisy
- Dora Loves 小呆
- 阿仁 Loves Dora
- Ben Loves Dora
- 茱莉 Loves 小呆
- Andy Loves Dora
- Dora Loves 小波
- 小呆 Loves 索菲
- Aggie Loves 阿米
- Ann Loves Ben
- everybody loves nobody
- 小雪 Loves John
- Sandy Loves 小唐
- 索菲 Loves 他
- Peter Love 阿胖
- Ben Loves Aggie
- 小琳 Loves Ben
- Belle Loves 小勇
- 阿文 love Aggie
- Belle Loves John
- John Loves 小雪
- 艾娃 Loves Andy
- John Loves Lisa
- 小琳 loves 小吉
- 小忠 Loves 萍萍
- 阿仁 Love me
- Andy Loves 小琳
- 艾娃 Loves Ben
- Andy Loves 艾娃

剛滿31歲的YUNA終於和男友分手
男友是一個完美主義者
喝的咖啡一定要87度
吃的食物一定要100分認證
穿的衣服一定要百分之80棉

交的情人一定要不超過30

莎夏和大偉交往多年
小心翼翼
終於被蓋上合格標籤
婚禮半年後舉行

以後
換大偉小心翼翼
等待
莎夏蓋合格標籤

Betty 為了保護自己不再受傷
決定每天喝七杯咖啡
取代
必須熱戀才會有的興奮

因為寂寞
小蓓每次都點雙人餐
吃完都覺得

肚子很脹
心裡很空

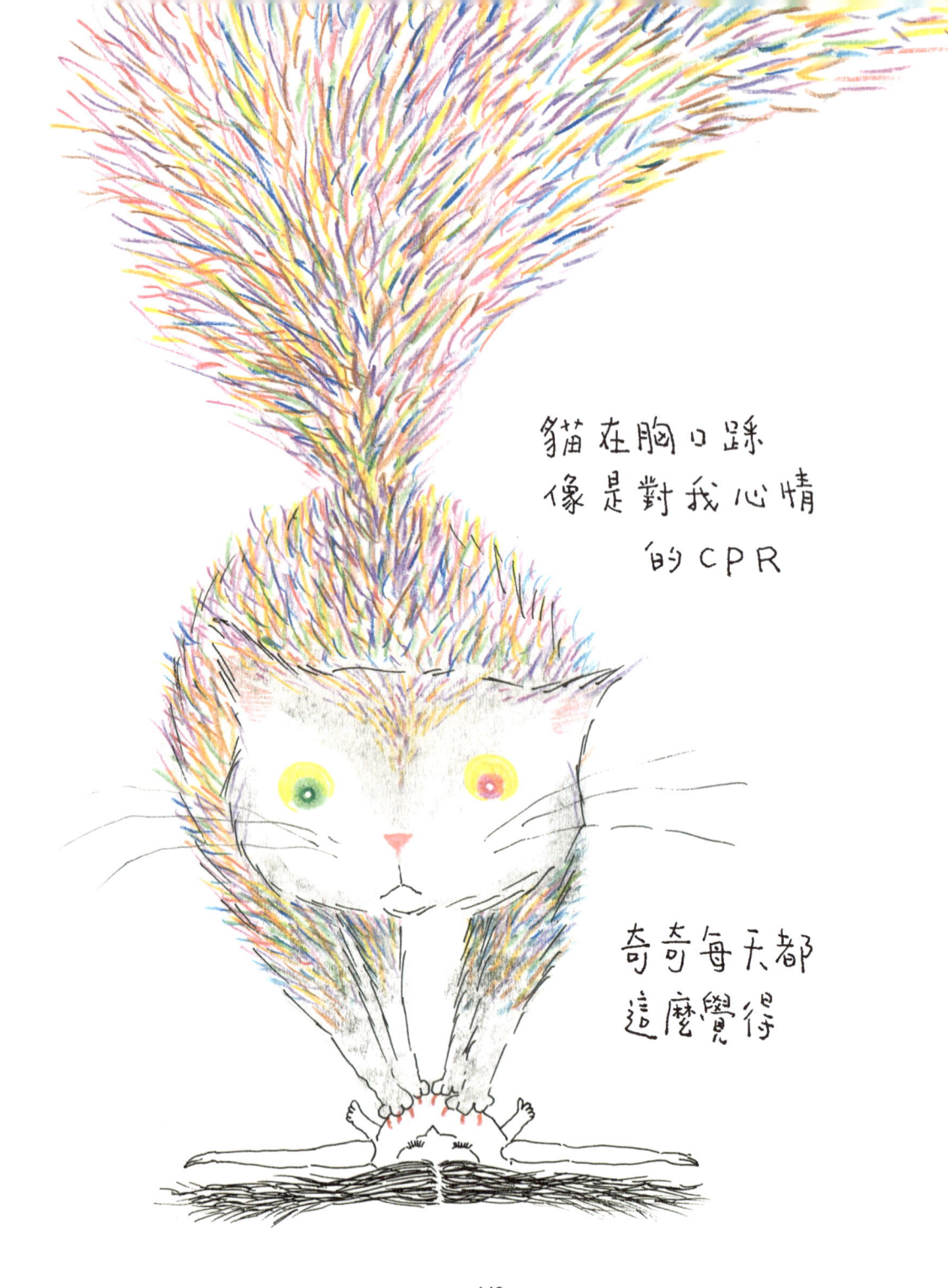

貓在胸口踩
像是對我心情
的CPR

奇奇每天都
這麼覺得

他愛我、他不愛我 ……
他不愛我、他愛我 ……
他愛我、他不愛我 ……
他 …… ………

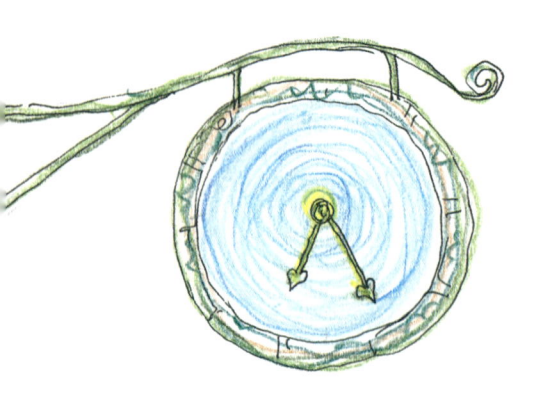

麗莎周日醒來
突然想哭

為世界哭泣
為地球哭泣
為人類哭泣
為生活哭泣

最後決定
還是為自己哭泣

當我撐不住自己的世界
我就找一個人結婚
當我們撐不住兩人的世界
我們就生一個孩子

愛琳的人生應變計劃

朵朵心裡一直有塊大石

和男友分手多年後

決定從心中放下

卻砸到腳

peggy 決定這輩子屏蔽所有的人

下輩子　　再恢復

一直失意的Tina
做了一場惡夢
夢中被蒙臉人一路追殺
刀入胸膛的同時
奮力掀開蒙面
發現
竟是當年求學階段
名列前茅
眾人期待
功成名就的自己

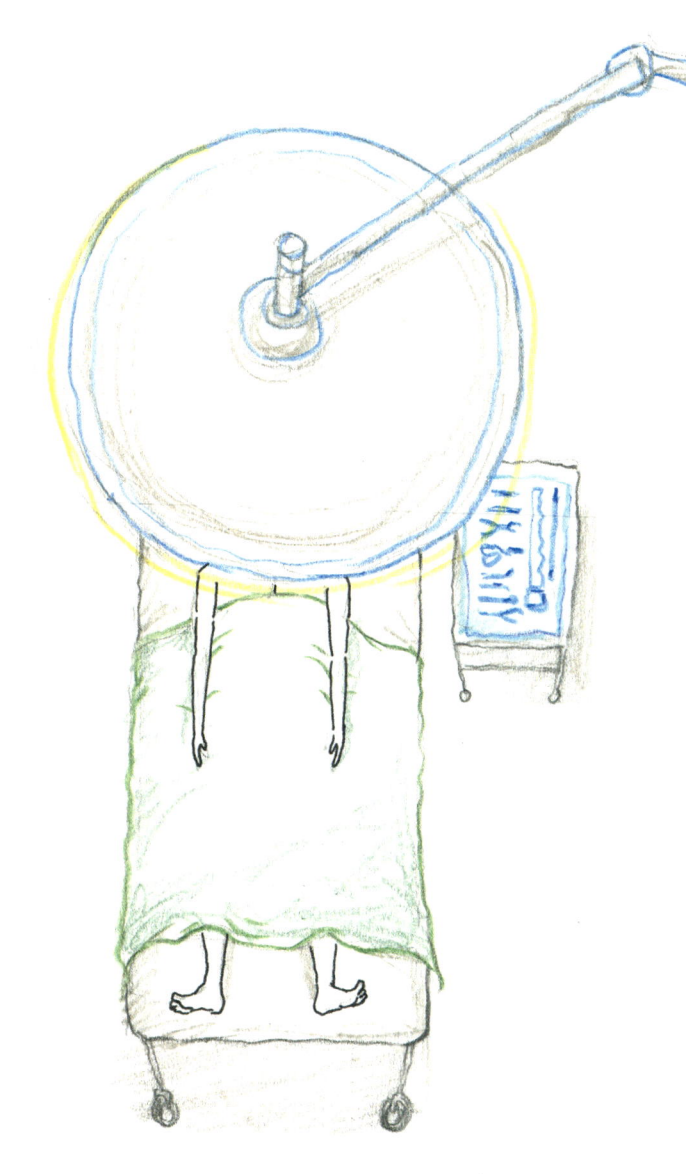

既然無法把幸福打包寄給自己
那就把自己打包寄給幸福
Joyce 決定全身大整形的想法

Janet 每天都很努力的過日子
甚至
有時候
還得用別人的不幸
來鼓舞自己過下去

外地打工的阿莎
終於想通
　人生就是
　躺在簡陋的床上
　做著華麗的夢

全球人口已達八十億
但從事會計工作的SALLY
深信人數一定有虛報
否則為什麼
已經36歲的她
至今仍然
一個合適的人都沒碰到

魯兒對自己和這個世界的關係
　充滿了疑問
　以至於她學會了26國的「為什麼」

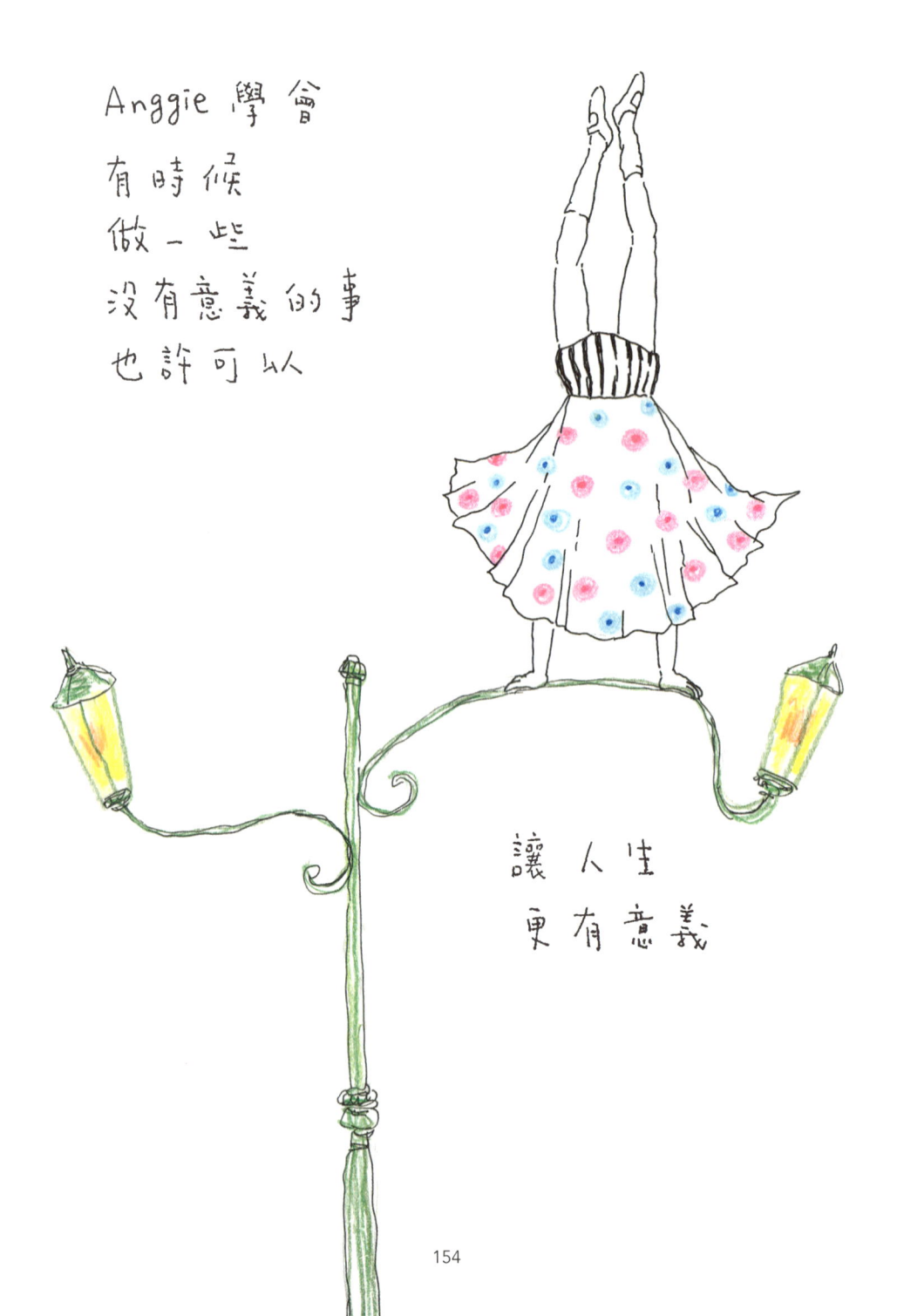

Anggie 學會
有時候
做一些
沒有意義的事
也許可以

讓人生
更有意義

生日蠟燭
　　吹熄那一刻

一向循規蹈矩的 Lily
決定大鬧往後的人生
不然
留著剩餘的
人生做什麼

―☆―

Rosa 深信
在這麼一個麻煩的世界
有些快樂花錢買
　　比較省事

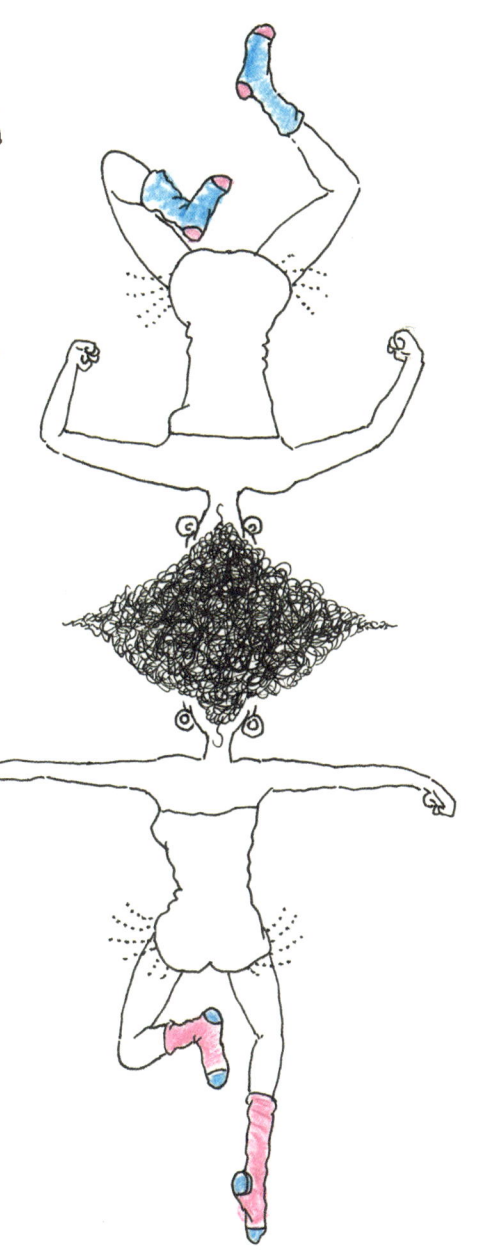

看完平行世界理論
波妮對自己釋懷了
在這個世界
有一個偷懶的她
但是
在另一個世界
有一個努力的她

Mosa 揀到一盞神燈
許願前得先填一堆資料
還要存款證明和許願原因及用途
願望達成後再回傳服務品質問卷

第二天
Mosa 原地放回神燈

因為
這樣才能達成願望
實在太累人了

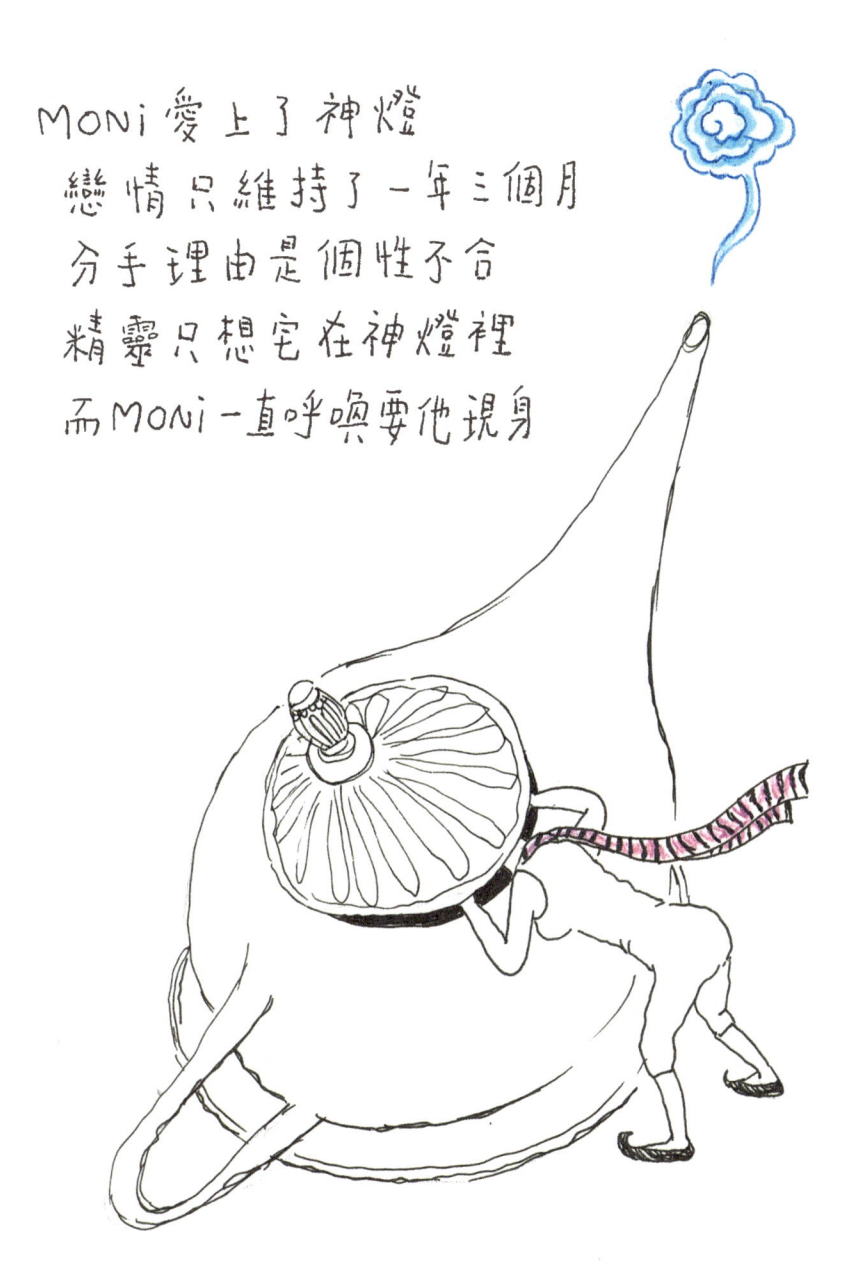

MONi愛上了神燈
　戀情只維持了一年三個月
　分手理由是個性不合
　精靈只想宅在神燈裡
　而MONi一直呼喚要他現身

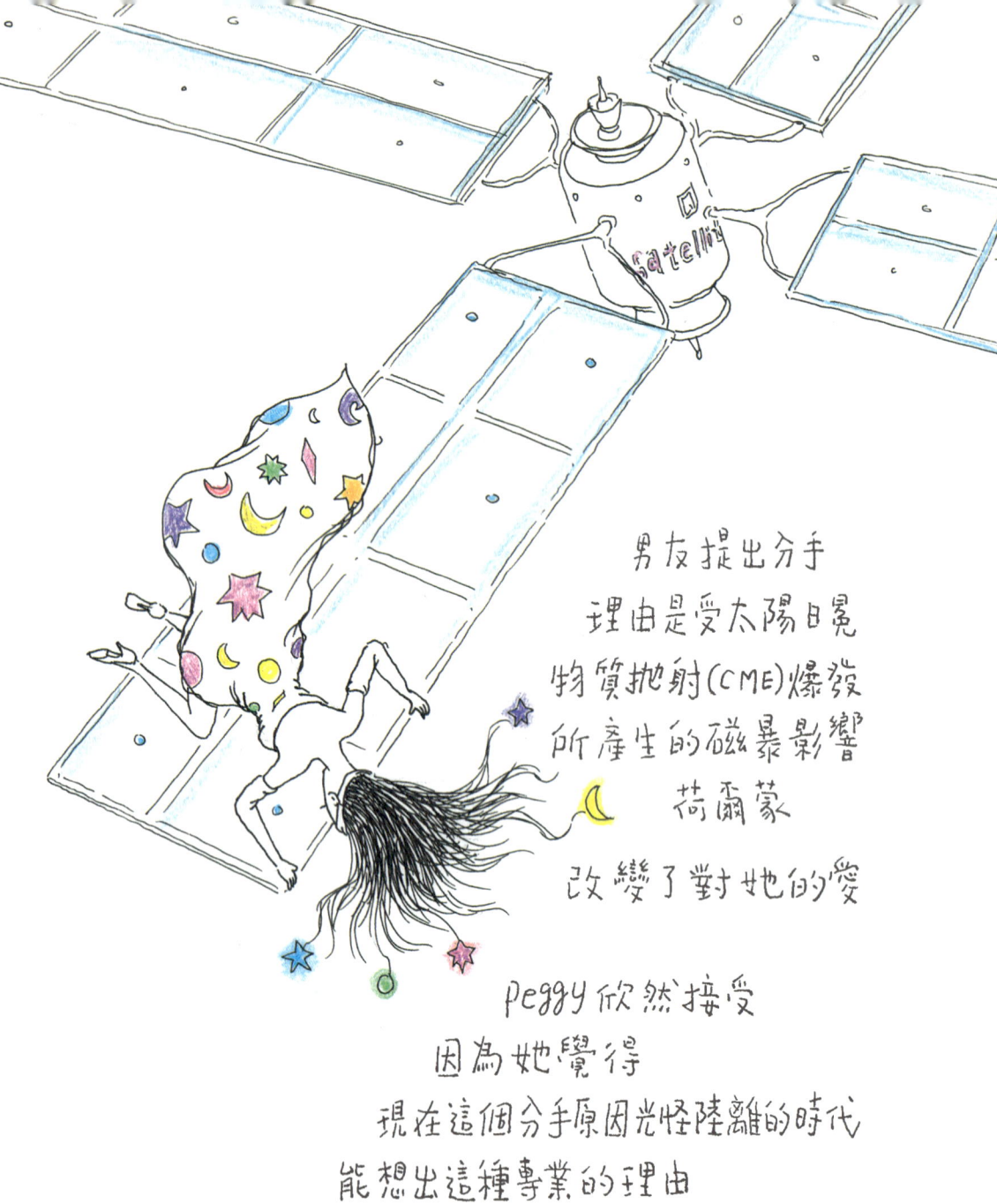

男友提出分手
理由是受太陽日冕
物質拋射(CME)爆發
所產生的磁暴影響
荷爾蒙
改變了對她的愛

peggy 欣然接受
因為她覺得
現在這個分手原因光怪陸離的時代
能想出這種專業的理由
已經是很有誠意了

行星突然偏離撞擊地球的軌道
人類逃過一劫
然而黛黛已經辭了工作
和未婚夫分手
也花光了積蓄
如今人生一切歸零

她羨慕
那些在地球毀滅之前
一切照舊
依然炒房炒股的人

地球即將不適人居
小蟬和情人阿欽說好移民外星殖民地
飛了兩個月又三天
抵達時才發現阿欽臨陣脫逃
根本不在太空裝裡

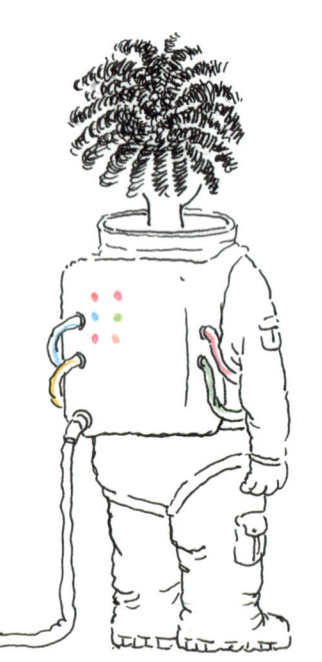

原來，
地球除了不適合人居
更不適合跟自己同居

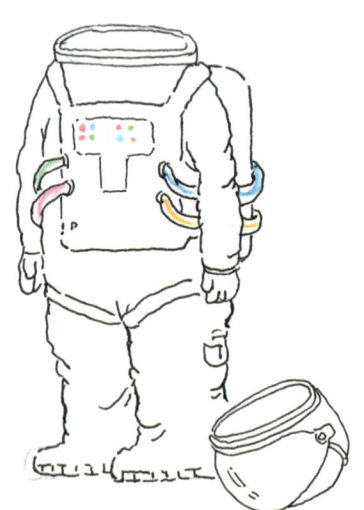

月亮問茉莉
　　睡醒了嗎
　如果醒了我就喚太陽出來

ep
1

一個人沒什麼不好

孤單也沒什麼不好

我們來的時候一個人

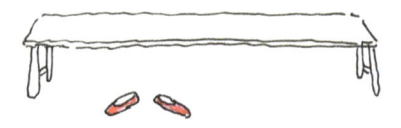

走的時候也會是一個人

人原本就孤單

不必麻煩別人

只需要應付

自己一個人

享受孤單

ep2

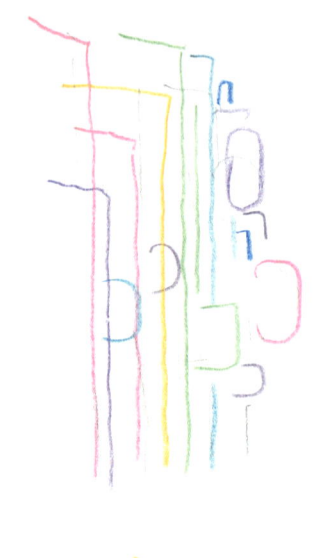

找一家小酒館

一家賣各種酒的酒館

然後一個人好好喝幾杯

如果我們相遇 一些有關我的事就會告訴你

你不必回答 你也可以不聽

反正我也是說給自己聽

明早你會忘了

我也會忘了

聽著音樂睡著了

暫別了這個世界

在另一個世界
我見到了自己

一個沒被污染的自己

我抱著她哭了起來　請她原諒　我不再是從前的我

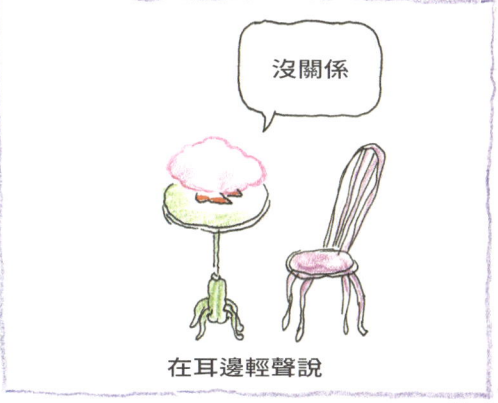

沒關係

她輕拍我的背　擦拭掉我的淚

在耳邊輕聲說

「只要活著　就要讓自己幸福」

昨夜屋裡飄進一朵白雲　　　　　　　雲說他怕黑　可不可以躲進來

我跟他說　不要怕　就待在這兒　等天亮再走

那一夜我和白雲說了許多事　　　有開心的　有難過的
　　　　　　　　　　　　　　　有無奈的　有遺憾的

白雲隨著我的心情變換不同的顏色和形狀安慰著我

早上醒來　白雲已離去

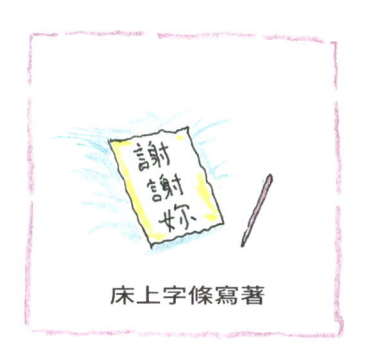

床上字條寫著

我望著天空　白雲我才要謝謝你　讓我說出了心裡的感受

半夜 聽到敲窗聲

原來是之前曾經怕黑躲進屋裡的那一朵雲回來了
這次還帶著一家大小

白雲告訴我 他已經不怕黑了

但天氣實在太冷了
所以帶著家人進來取暖

我說沒問題　以後窗都會打開
歡迎他們隨時進來

我和白雲一家人擠在床上
聊著上次還沒說完的心事

早上醒來　他們已經離開　　　　白雲又留了一張字條寫著

「別擔心　妳和這個世界 會越來越好」

選隻你喜歡的未知怪獸吧！

只有牠能載著你和夢想

在情緒沙漠裡奔跑。

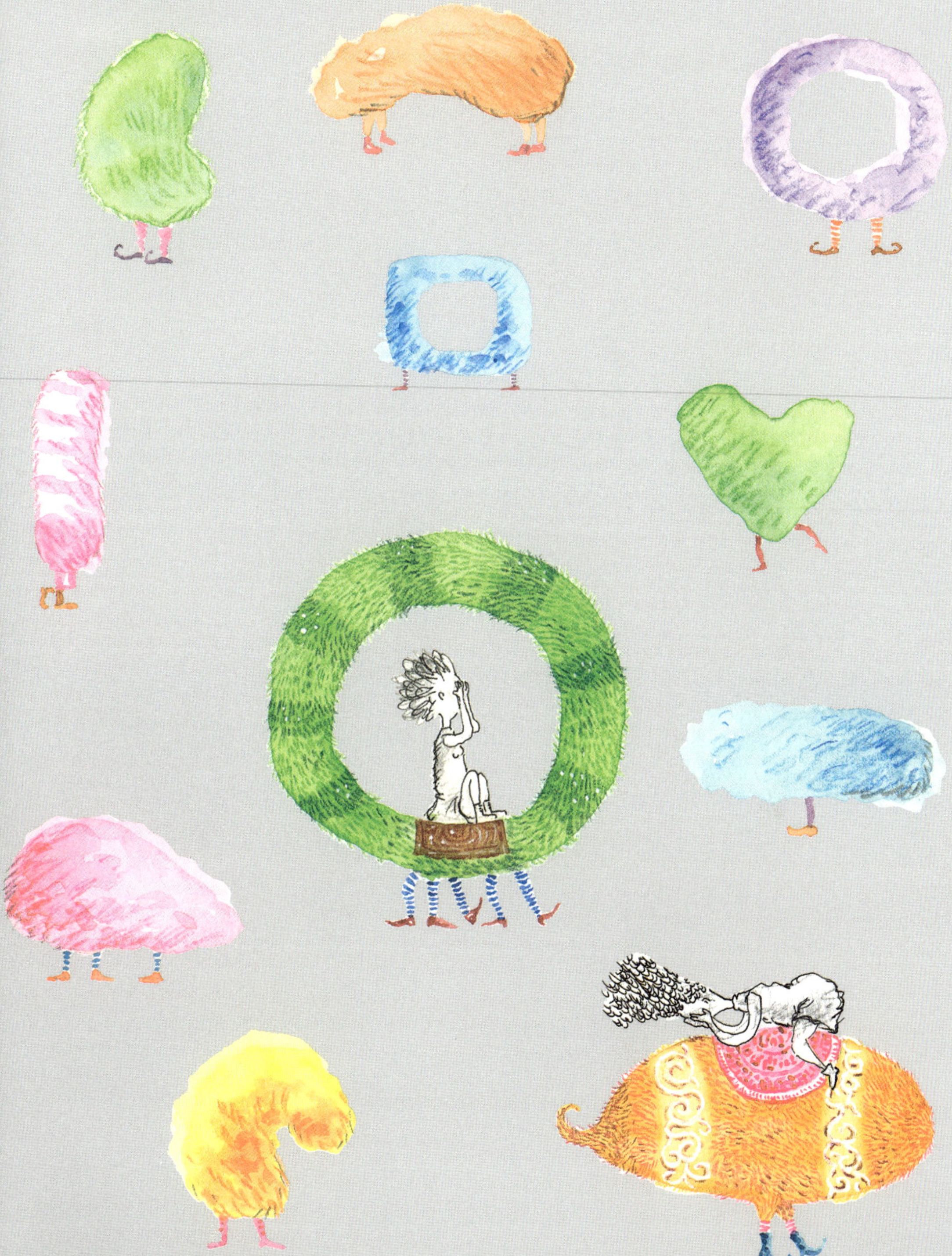

今天酒吧人很少,
只有兩個。
一個是我耗損的肉體,
一個是我疲憊的靈魂,
分別各坐在吧台兩端
低頭不語。

分別載著我夢想
和未爆彈的人生未知怪獸
也有兩個,
各自坐在我們身後兩端
默默不語。

Life is a Ride

5

Remember！
一隻被扔出街角酒吧像鐘擺般左搖右晃的夜精靈這麼說。
Remember！
一粒從 360 個纏鬥團體剛偷溜疲憊的圍棋黑子這麼說。
Remember！
一個老循規蹈矩待在巴哈《布蘭登堡協奏曲》曲譜上終於掙脫的法國低音號音符這麼說。

人生是一趟漫長又不知目的地的旅程，由過去、現在、未來組成。
我們的過去讓我們變成現在的自己，我們的現在讓我們變成未來的自己。
而我們，一直在尋找我們自己。

爲什麼不試著選擇從現在開始改變我們未來的過去，
從未來繼續改變我們還未過去的現在？我們可能會找到完全不同的自己。
因爲，我們總是記得我們該忘記的，
我們總是忘記我們該記得的。

其實，記憶是一種誕生，
遺忘是一種死亡。
所以，會在眞實與虛擬、
現在與未來的世界裡，
一天一天的過下去的我們：
Remember，記得我們該記得的。
Remember，忘記我們該忘記的。

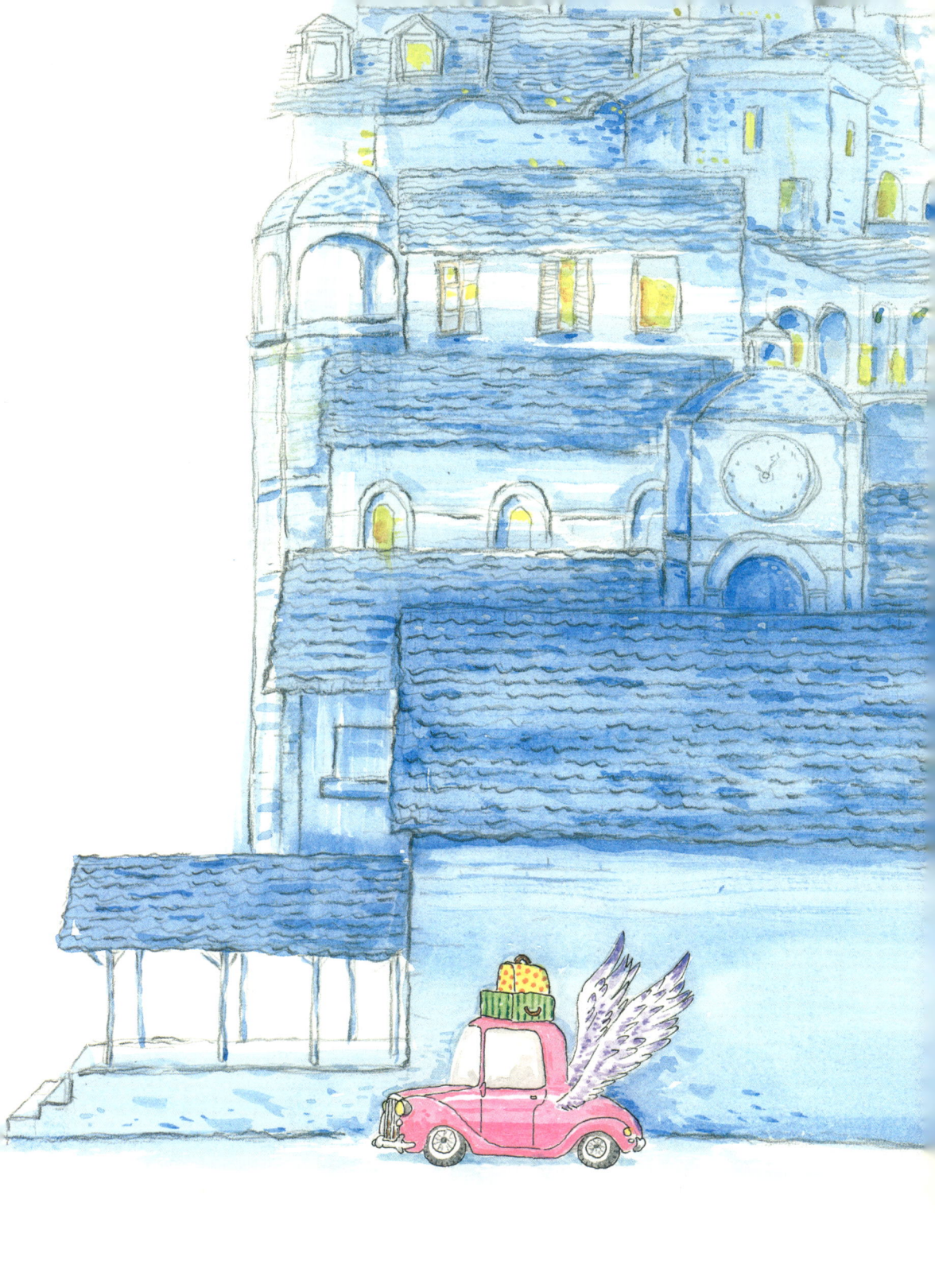

裁判倒數中
10 9 8 7 6 5 4 3 2 1
噹 噹 噹
真的很可惜
穿白褲的傢伙堅持了那麼久
結果在最後一回合被KO
就像我的人生
總是在最後關頭功虧一簣

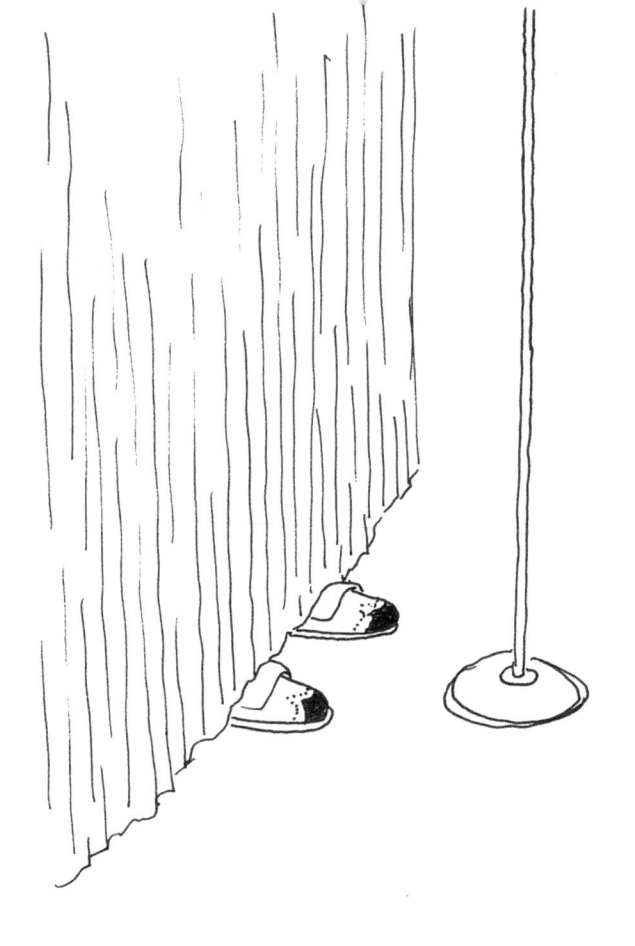

也許
人生應該像
表演 Talk show
只有上台和下台時真誠些
其它時間
都在插科打諢

早上睜開眼
竟然想不起
叫什麼名字
做什麼工作
住什麼地方
不記得有關自己任何事

真好
終於自由了

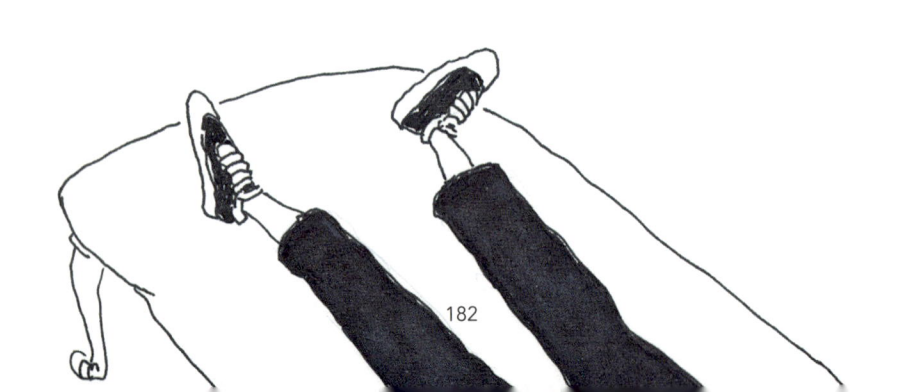

累了
覺得累了
雖然一直沒工作
雖然一直沒夢想
雖然一直沒願景
但還是覺得
真的累了

終於悟出
人生的道理就十個字

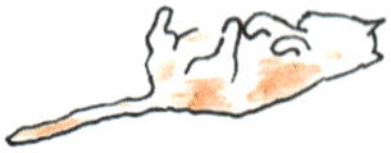

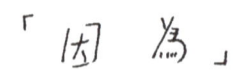

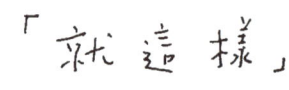

「為什麼」

「因為」

「所以」

「就這樣」

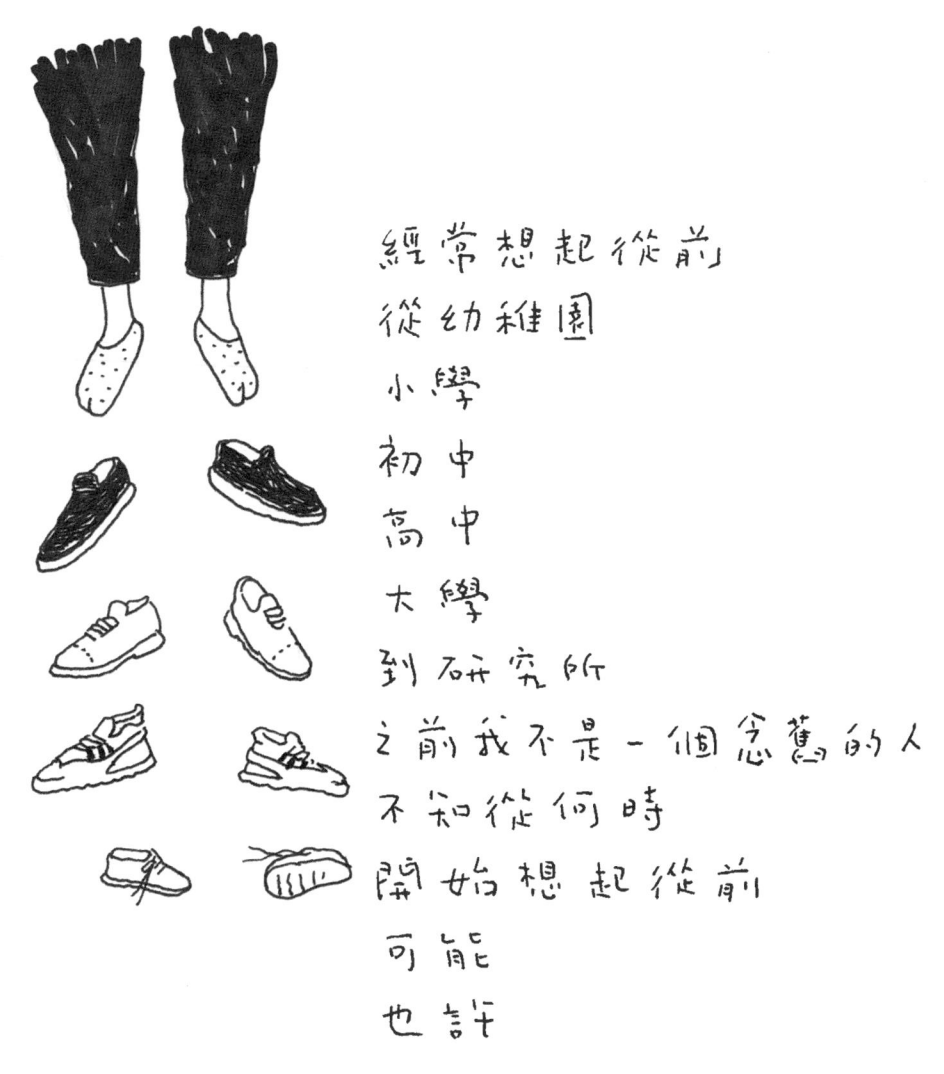

經常想起從前
從幼稚園
小學
初中
高中
大學
到研究所
之前我不是一個念舊的人
不知從何時
開始想起從前
可能
也許
從我知道未來沒什麼希望開始

每一分三十秒
觸碰一下手機
證明
自己
好壯

如果有一天
遇見魔鬼
我要用靈魂換什麼
其實多想了
第一
世上根本沒有魔鬼
第二
我的靈魂早換三餐了

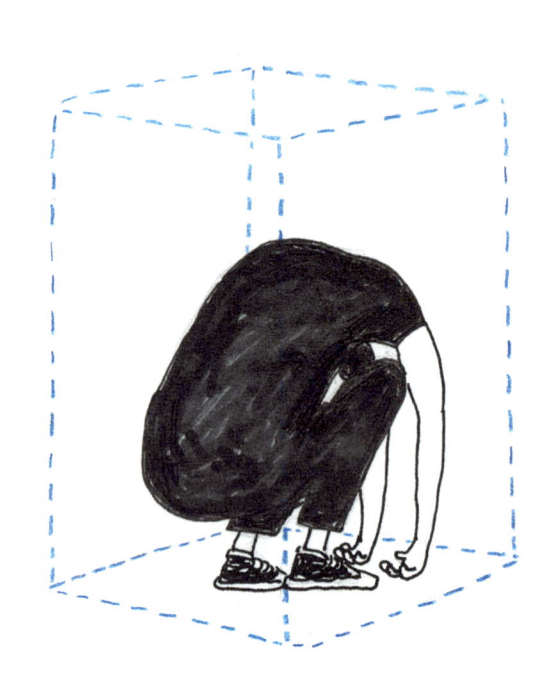

我沒什麼好損失的
　交了一個
　永遠沒有結果的女友
　做了一份
　永遠沒有前途的工作
　租了一間
　永遠搬不出的房間

我的人生
真的沒什麼好損失的

想購物
請下載APP

想交友
請下載APP

想謀職
請下載APP

想戀愛
請下載APP

想結婚
請下載APP

想去死
請下載APP

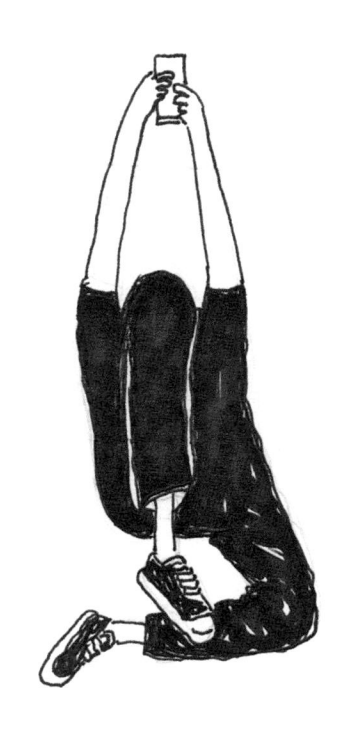

世界人口已達80億
2100年將會有112億
造物者會不會只是一個
製造人類的大盤商

似乎所有科幻片的情節
都在真實世界一一發生
對於已經處在混亂人生的我
到底該相信
真實的世界
還是
虛構的世界

肉體準備出門賣靈魂
我才發現
我的靈魂還在賴床

應該沒過保固期
外觀保存也算可以
幾乎沒怎麼使用過
但就是退了了貨

有一天
我才終於明白
人生
沒有退貨辦理處

人生
如果沒發達
就一定要

豁達

不是智者說
是挫折者說

希望過一個沒有負擔的人生
輕飄飄的
別給自己負擔
也別給他人負擔
過一個輕飄飄
輕飄飄
的人生

如果你的愛妻和愛子
同時落海
你會救哪一個

自從知道這個考驗人性的問題後
我就決定 如果有愛妻和愛子
以後絕不同時帶他們去海邊

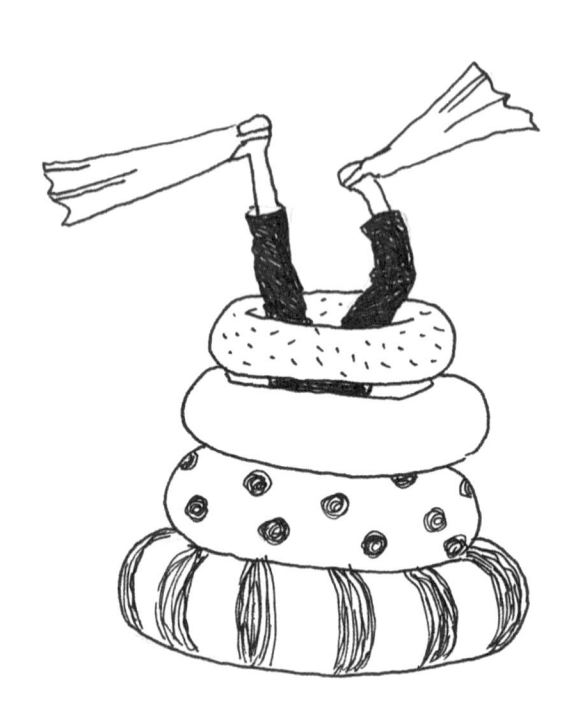

不知怎麼回事
我喜歡參加葬禮
葬禮上的年輕寡婦
總是充滿魅力
可能是因悲傷而削瘦的身材
也許是那哀悽無助的表情
不知怎麼回事
比婚禮上幸福快樂的新娘更吸引人

我喜歡參加葬禮

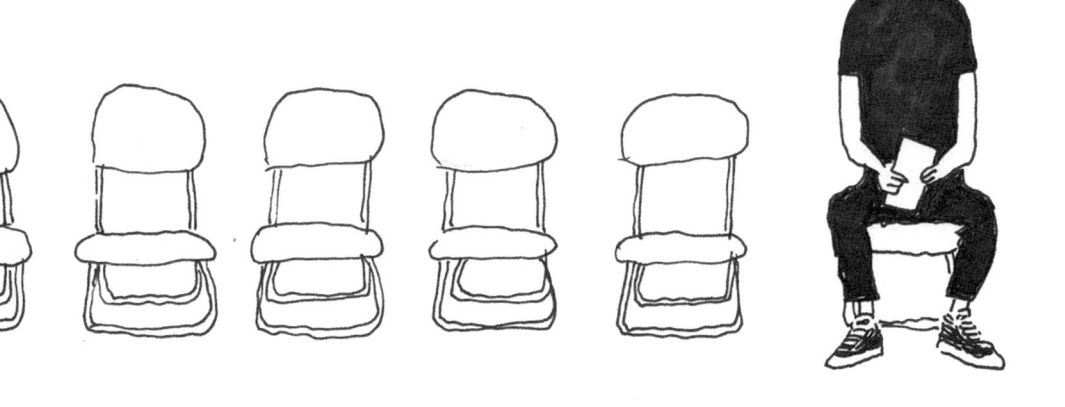

在老郝的告別式上
聽著致詞人發言
有一度我以為走錯了廳
我認識三十年的老郝
根本不是他說的那個人

從小聽說
只要不是壽終正寢
就會一再重複經歷死亡的那一刻
跳樓的一直跳樓
投河的一直投河
臥軌的一直臥軌

如果屬實
羨慕上個月隔壁
死於高潮的87歲老頭

這真的是一個危險的世界

我差一點淹死在自己的浴缸裡

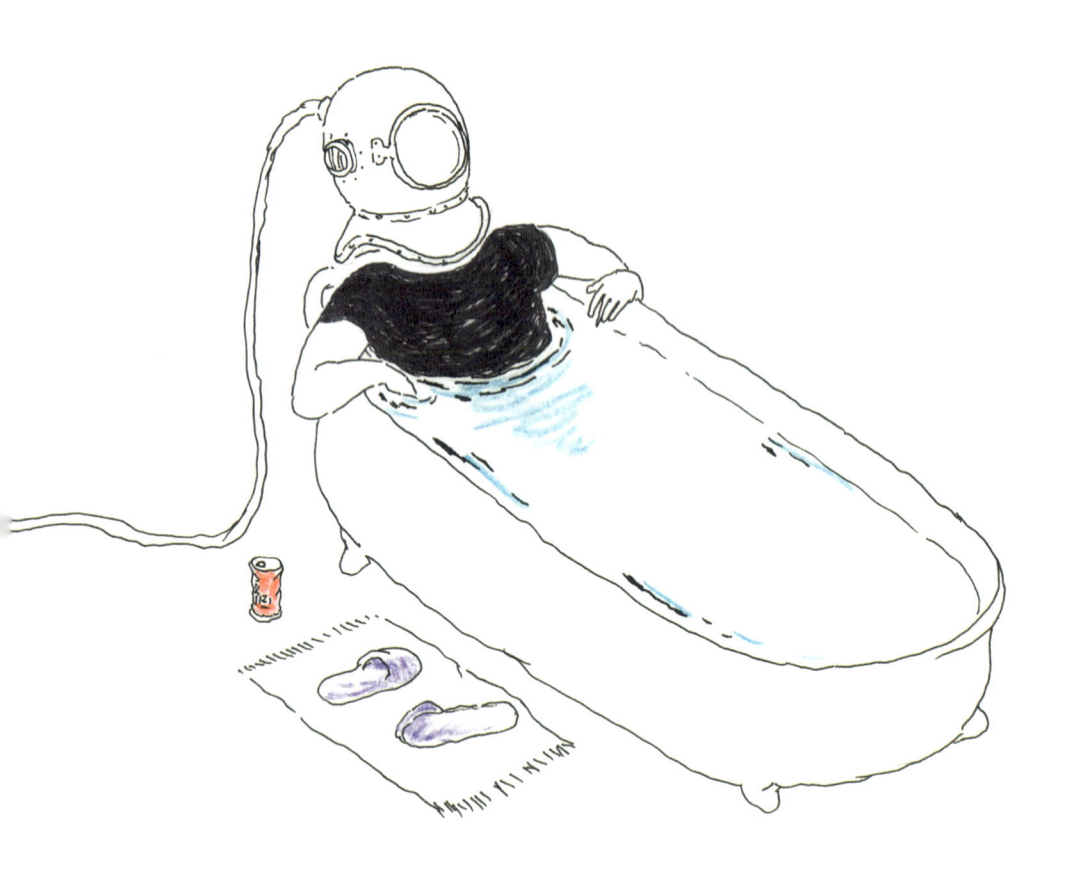

躺在床上
突然在算
如果死了
會有多少人來參加我的葬禮

算完後
決定明天開始
好好多交幾個朋友

有人說過：
「如果你不來參加我的葬禮
你的葬禮我也不參加。」

為自己辦了一場
　生前告別式
現場大家泣不成聲
　氛圍越來越激動的同時
不禁懷疑
下次真的時候
大家還能這麼入戲嗎

我的臨終遺言：

　第一次來人間
　表現不佳
　有失禮之處
　請多包涵

　　謝謝

來這個世界玩，是要付費的，
每次收費都會在心中留下一道傷痕。
歲月的傷痕除了在我們臉上留下皺紋，
也在靈魂留下垃圾，使我們的人生得不時召回維修。

2022 個性多毛症門診

2020 正能量清潔療程

2018 成功人生拉提術

2019 人生放逐長假

2013 世故假睫毛

2019 心靈拉皮

2015 低焦慮飲食調控

2011 情緒水療

2012 憂鬱特休

2009 社會新手適用期

2021 回憶整形課

2007 青春期歇斯底里

2014 渣男切除術

2008 失戀隱形縫線

2016 自尊降價購

2010 快樂脈衝導入

2020 無感症按摩

2011 狂買症結紮

2023 溫暖植入雷射

2024 夢想重建術

2025
靈魂
召回維修

昨夜刮起一陣大風，
把我流出來的淚又吹回我的眼睛裡。

我們都用相同的方式來到這個世界,

老天覺得太無趣了，

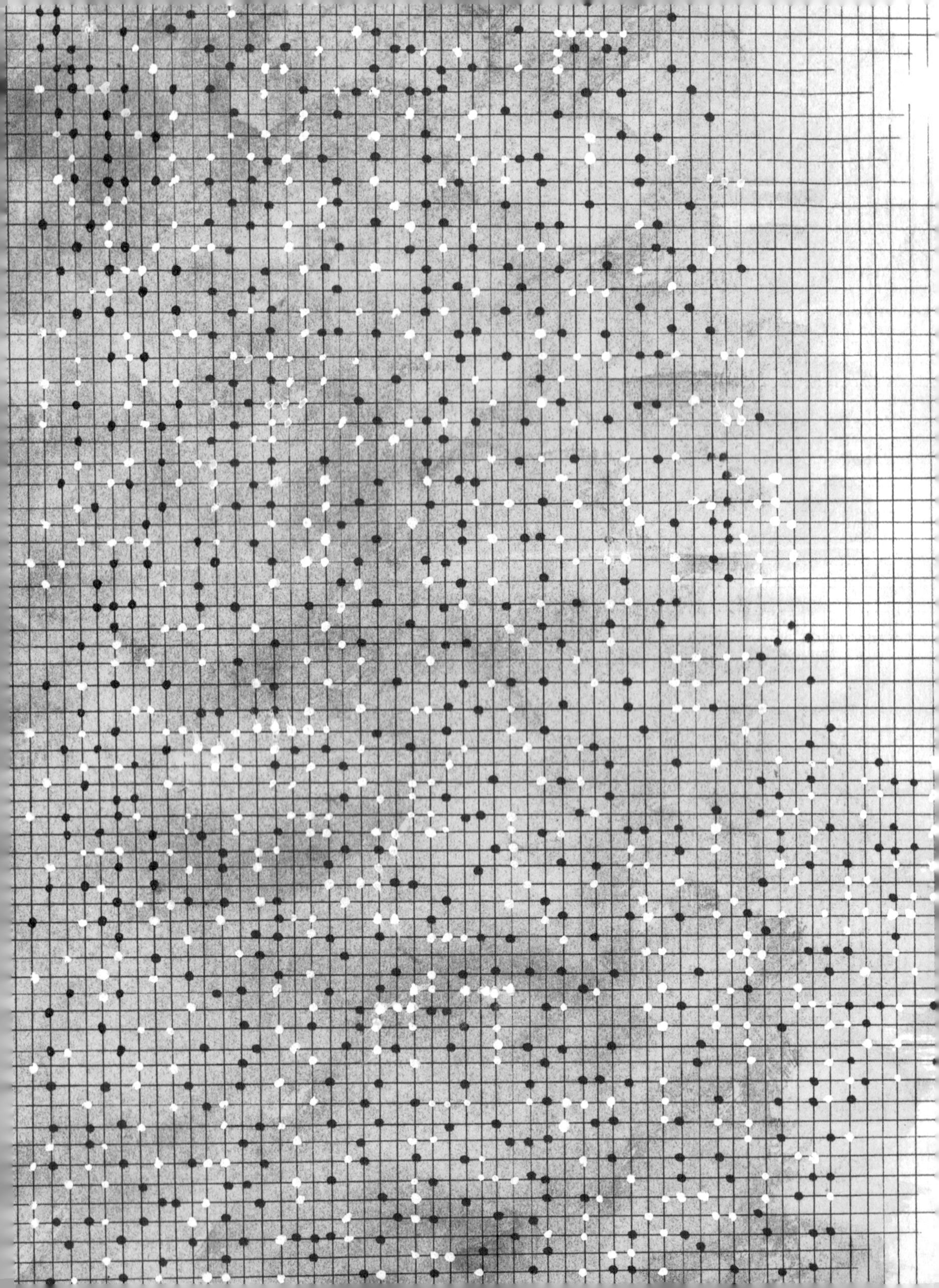

於是，讓我們用不同的方式離開這個世界。

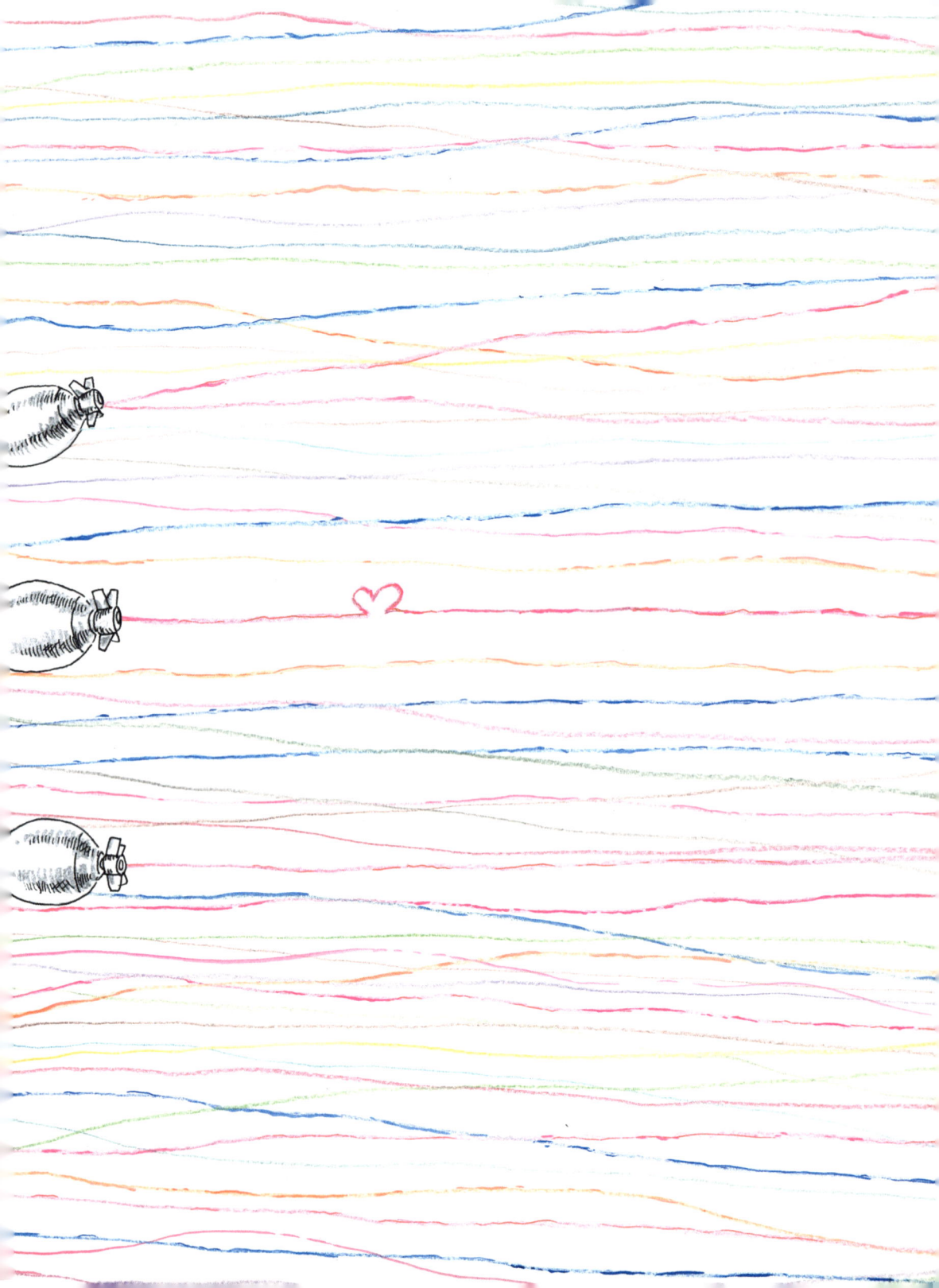

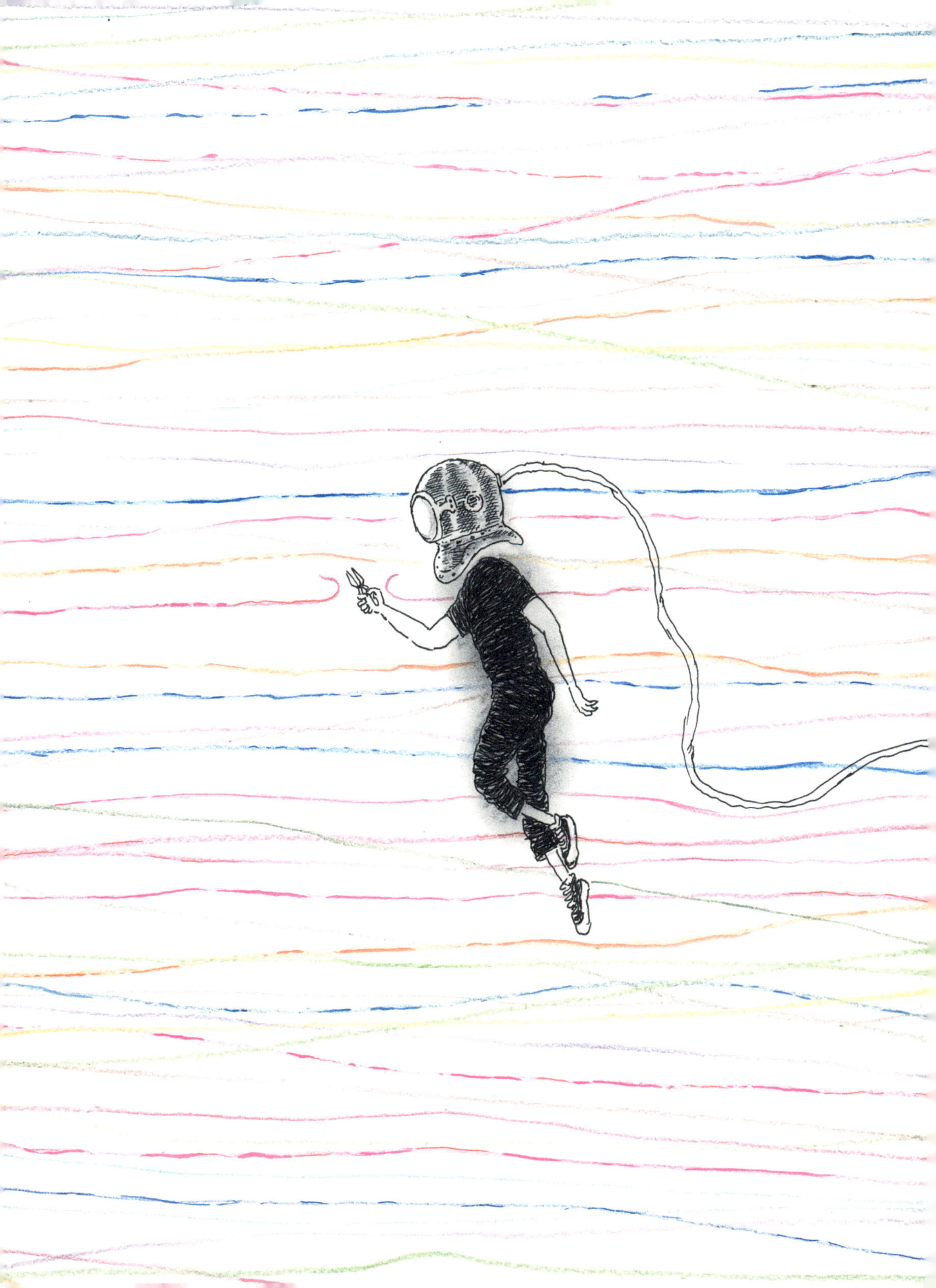

朱德庸這個人
他有一雙成人的尖銳的眼,和一顆孩子的單純的心。

　　華人世界最具知名度與影響力的幽默大師。1960 年來到地球,無法接受人生裡許多小小的規矩。25 歲以《雙響炮》走紅,28 歲裸辭高薪媒體工作,選擇當時無人敢試的專職漫畫家領域,而後創作《澀女郎》,成為一個時代的印記以及許多人的青春記憶。

　　他認為自己是「一個城市行走者,也是一個人性觀察家」。曾說:「其實社會的現代化程度愈高,愈需要幽默。我做不到,我失敗了,但我還能笑。這就是幽默的功用。」又說:「漫畫和幽默的關係,就像電線桿之於狗。」認為世界荒謬又有趣,每一天都不會真正地重複。因為什麼事都會發生,世界才能真實地存在下去。

　　堅持原創與手繪三十年,朱德庸用諷刺之筆與透徹觀點形塑了一個漫畫世界,作品引領兩岸流行文化,以「朱氏幽默」著稱。每本漫畫出版後都能形成現象級討論,正版銷量早逾兩千萬冊。2009 年獲頒「新世紀 10 年閱讀最受讀者關注十大作家」,2016 年獲頒金漫獎特別貢獻獎。作品多次改編為電視劇、舞台劇,畫作更在名家拍賣場上屢創紀錄。

　　代表作:《雙響炮》《澀女郎》《醋溜族》《關於上班這件事》《什麼事都在發生》《絕對小孩》《大家都有病》,以幽默的敘事手法和純粹的赤子之心,不斷顛覆我們對這個世界的認知,卻能療癒每個人心裡那道淡淡傷痕。

　　2024 年,《一個人的人生未爆彈》為不同世代、不同年齡、不同群體但在同個多變時代、同樣孤獨的人們,用 180 種人生視角,帶你擺脫情緒包圍,找回未受污染的自己。

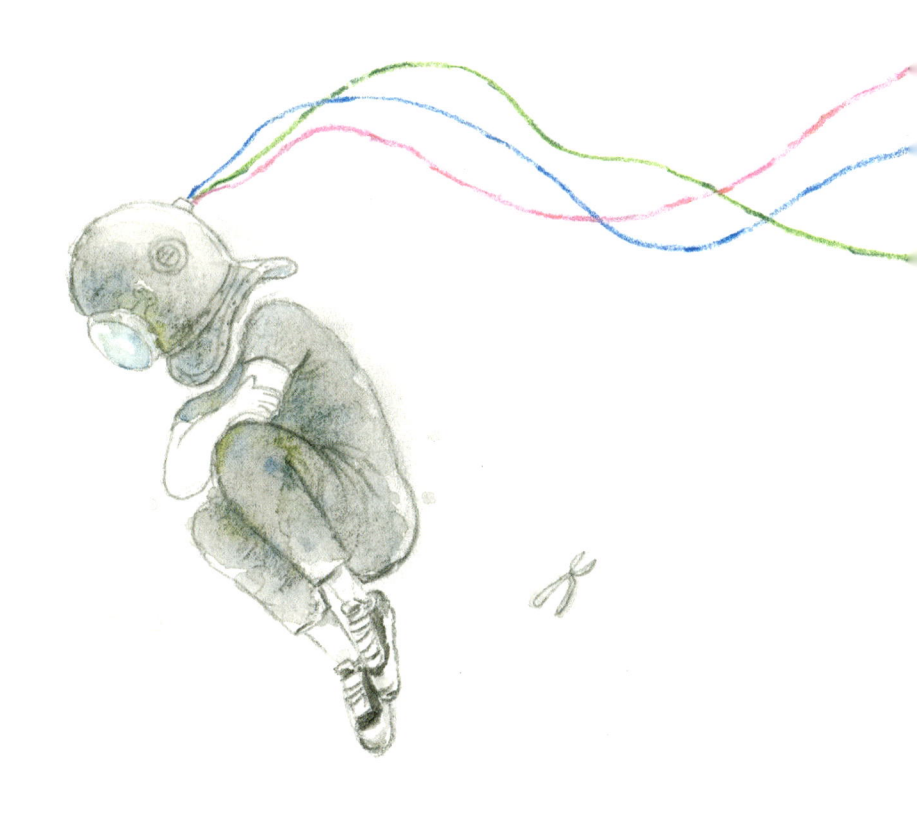

人生從出生開始到死亡結束，
那是醫療問題。
人生從快樂開始到悲傷結束，
那是哲學問題。
人生從激動開始到平靜結束，
那是宗教問題。
人生從嬉戲開始到工作結束，
那是生存問題。
人生從不明白開始到明白結束，
那是自己的問題。